É só um encontro

aprenda a compreender, conquistar
e deixar os caras caidinhos por você!

Greg Behrendt &
Amiira Ruotola-Behrendt

É só um encontro

aprenda a compreender, conquistar
e deixar os caras caidinhos por você!

TRADUÇÃO DE
Antônio E. de Moura Filho

Título original
IT'S JUST A DATE!
How to... get 'em, read 'em and rock 'em

Copyright do texto © 2008 by Greg Behrendt and Amiira Ruotola-Behrendt

O direito moral de Greg Behrendt e Amiira Ruotola-Behrendt de serem identificados como autores desta obra foi assegurado.

Todos os direitos reservados. Nenhuma parte desta obra pode ser reproduzida ou transmitida por qualquer forma ou meio eletrônico ou mecânico, inclusive fotocópia, gravação ou sistema de armazenagem e recuperação de informação, sem a permissão escrita do editor.

Direitos para a língua portuguesa reservados
com exclusividade para o Brasil à
EDITORA ROCCO LTDA.
Av. Presidente Wilson, 231 – 8º andar
20030-021 – Rio de Janeiro – RJ
Tel.: (21) 3525-2000 – Fax: (21) 3525-2001
rocco@rocco.com.br
www.rocco.com.br
Printed in Brazil/Impresso no Brasil

PREPARAÇÃO DE ORIGINAIS
Amanda Orlando

PROJETO GRÁFICO ORIGINAL
Mabuya design

ADAPTAÇÃO DE PROJETO, CAPA E DIAGRAMAÇÃO
FA Studio

CIP-Brasil. Catalogação na fonte.
Sindicato Nacional dos Editores de Livros, RJ.

B365e

Behrendt, Greg
  É só um encontro: aprenda a compreender, conquistar e deixar os caras caidinhos por você!/Greg Behrendt e Amiira Ruotola-Behrendt; tradução de Antônio E. de Moura Filho. – Rio de Janeiro: Rocco, 2009.

  Tradução de: It's just a date! How to... get 'em, read 'em and rock 'em
  ISBN 978-85-325-2445-4

  1. Encontro (Costumes sociais). 2. Relação homem-mulher. I. Ruotola-Behrendt, Amiira. II. Título.

09-2039
CDD– 646.77
CDU– 392.4

SUMÁRIO

INTRODUÇÃO | **9**

PARTE UM

PREPARE-SE PARA ARRASAR NOS ENCONTROS | **19**

1. OS PRINCÍPIOS BÁSICOS DOS ENCONTROS PARA VENCEDORAS | **20**

2. PRINCÍPIO NÚMERO 1 | **27**
   goste de si mesma e se dê valor

3. PRINCÍPIO NÚMERO 2 | **46**
   viva e vá procurar o que fazer

4. PRINCÍPIO NÚMERO 3 | **61**
   pense linda e seja linda

5. PRINCÍPIO NÚMERO 4 | **77**
   não aceite menos que um
   encontro amoroso sério

6. PRINCÍPIO NÚMERO 5 | **94**
   não assuste os outros com suas carências

7. **princípio número 6 | 113**
   todo capacho dura uma
   vida, mas acaba no lixo

8. **princípio número 7 | 133**
   não mostre o filme antes do trailer

9. **princípio número 8 | 151**
   nem todo encontro vai
   acabar em relacionamento

PARTE DOIS

APROVEITE CADA SEGUNDO DO ENCONTRO! | 169

10. a essência de segurar a onda | 171

11. **essência número 1 | 175**
    não existe um lugar certo
    para conhecer os caras

12. **essência número 2 | 190**
    o poder da sugestão

13. **seção bônus | 205**
    encontros on-line de
    primeiríssima qualidade!

14. ESSÊNCIA NÚMERO 3 | **213**
 é só a p*@#a do primeiro encontro!

15. ESSÊNCIA NÚMERO 4 | **225**
 avaliação do primeiro encontro

16. ESSÊNCIA NÚMERO 5 | **235**
 os próximos encontros

17. ESSÊNCIA NÚMERO 6 | **245**
 exclusividade sexual

PALAVRAS FINAIS | **257**

INTRODUÇÃO

Desperte a campeã dentro de você

Quer dizer então que sua vida amorosa está o "Ó" e a essa altura do campeonato você já até perdeu as esperanças? Também, né, vamos combinar: qual é a dos caras? Por que eles não chegam mais nas mulheres? Por que namorar precisa ser tão difícil? E mais: onde foi parar o romance? Antigamente, o cara chegava junto e convidava a garota para sair. Depois ele a pegava em casa, a levava para jantar, para ver um filme no cinema ou tomar um café e bater um papo. Em seguida, ambos decidiam se iam querer repetir a dose na semana seguinte. Havia um protocolo a ser seguido. Um processo de conquista. Um conjunto padrão de diretrizes a serem seguidas para entrar neste ritual tão antigo estabelecido pelas nossas "Ancestrais Namoradeiras". Agora, se bobear, quase ninguém mais sabe o que é um encontro romântico.

O QUE É UM ENCONTRO ROMÂNTICO?

Se você conhece um cara em um bar e os dois voltam juntos para casa, estão tendo um encontro romântico? Se ele manda mensagens de texto para o seu celular, perguntando "o que você está vestindo?", pode-se dizer que vocês estão namorando? Se ele lhe disser que vai se encontrar com uns amigos depois do trabalho e lhe pede para convidar algumas amigas e ir também, isso é um encontro romântico? A coisa não é mais tão clara, na verdade, o negócio se tornou uma loucura completa. Infelizmente, o namoro e os encontros românticos tornaram-se obsoletos, coisas do passado, substituídos pelo "ficar" e pela prática do "sexo casual". Por que isso? Porque tanto os homens quanto as mulheres já expressaram, com suas atitudes e escolhas, que ninguém precisa recorrer à formalidade de um encontro romântico para desfrutar de seu tempo, do privilégio de sua companhia e às vezes até de seus corpos. Transformamos o mundo em um lugar de gente que não marca encontros românticos e, a julgar pela infinidade de solteiros de que se tem notícias, dá para supor que esse lance de não marcar encontros românticos e de se recusar a namorar firme não anda bem das pernas. Ficou tudo muito confuso, muito casual, nada claro nem definido. O processo de conquista mudou tanto que agora neguinho nem se dá ao trabalho de se aproximar de ninguém: sai pegando logo quem estiver mais perto. É assim: se você ficar muito tempo parada ao lado de alguém em uma festa, quando se der conta, os dois estarão juntos, se relacionando, sem nenhum investimento, esforço ou planejamento.

DE VOLTA AO BÁSICO

É hora de dar uma sacudida nessa história e, se você não concorda com essa política do não namorar e não marcar encontros românticos para se conhecer, a única opção seria um casamento arranjado ou um casamento pela loteria. Pois é. Parece então que chegou a hora de reaprendermos a namorar, pois é muito provável que você não acerte as dezenas 04 08 15 16 23 e 42. Com toda certeza você gosta de si mesma a ponto de pegar este livro e considerar a ideia de dar uma melhorada em sua vida amorosa – ou na falta dela – e por isso nós já amamos você! U-hu!!! Sinta-se abraçada! Bem, uma vez dito isso, se liga, pois não vamos lhe enganar feito uma boba. Este livro não é do tipo "querida, você arrasa! Por isso todos lhe acham o máximo". O papo aqui é mais do tipo "Você quer mesmo isso? Até que ponto você está disposta a se sacrificar para atingir o objetivo e conseguir o que merece de fato, para depois jogar tudo pelo ralo porque, afinal, tudo não passa de uma m*@da de encontro?". Temos dedicado nossa vida mandando uma real para você no que diz respeito às nossas experiências e, não se engane: já demos altos vacilos várias vezes. Mas SÓ depois de dar altos vacilos é que a pessoa se toca e acorda para a vida, vendo as coisas mais claramente e admitindo: "Gente, como sou vacilona! Preciso mudar a abordagem já!"

Ao ler este livro, você está penetrando em uma área de "nada de baboseira". Ao contrário de alguns de seus amigos, não vamos concordar com seu comportamento questionável e, o tempo todo, vamos exigir algo cada vez melhor de você. Não vamos cair nesse papo-furado de que você faz isso ou aquilo na melhor das intenções; e não vamos aceitar as desculpas que você inventa para si mesma ou para os outros, as quais estão lhe impedindo de ter o que merece de verdade. Chegou a hora de redefinir qual o seu estilo tratando-se de encontros amorosos. Pois é, menina! Prepare-se porque você veio ao lugar certo. Sabe o que lhe espera? Temos respostas e planos para você!

CAIA NA REAL!

A verdade é que quase nenhum encontro dá certo ou acaba em um namoro sério e duradouro. O que acontece de fato é que enfrentamos uma porção de encontros e desencontros até conhecermos alguém com quem enfim namoramos para valer. É assim que funciona. É assim que a vida e o namoro funcionam. Não tem jeito, e praticamente todo mundo está no mesmo barco. A única diferença é como você aborda esses encontros, sua atitude na hora H. Você pode continuar a temer os encontros, irritar-se com o processo como um todo, manter expectativas que certamente trarão decepções e projetar a futilidade que você sente com relação à coisa toda. OU você pode relaxar, dizer a si mesma: "É só um encontro!", que provavelmente não vai dar em nada no futuro, mas que ainda assim pode ser divertido. Com essas expectativas, é bem provável que você se divirta muito mais do que pensava. Porque, na verdade, é para isso que servem os encontros: para se passar um tempo junto com a outra pessoa e ver se rola uma química. Ponto final. Um encontro não é para ser uma pista com obstáculos para ninguém, gente! E se não der certo, não é para ninguém se desesperar, arrancar os cabelos, achando que todos os sonhos de uma vida inteira foram por água abaixo. E se for essa a sua atitude com relação aos encontros, então, querida, você tem que se perguntar por que está fazendo isso consigo mesma. E está na hora de se olhar no espelho e dizer: "Vamos parando com essa palhaçada." Quem controla a maneira com que os encontros rolam é você e mais ninguém – nem mesmo o cara com quem você está. Pare! Esqueça os antigos padrões que não estão dando certo e abrace a ideia de se comportar como uma vencedora e arrasar em seus encontros.

MEU NOME É AMIIRA E SOU UM FIASCO NOS ENCONTROS

Olhando hoje, parece que eu deveria ter percebido que estava fazendo a coisa errada depois do fracasso de meu primeiro casamento. Sabe quando as coisas andam rápido demais? Eu o conheci e foi amor à primeira vista... só que ele tinha uma namorada. Em questão de meses eles desmancharam e a gente começou um relacionamento firme, e para compensar o tempo perdido, de uma hora para outra, assim do nada, nós nos casamos em Las Vegas, numa cerimônia presidida por um cara fantasiado de Elvis Presley. Legal, né? Eu nunca tinha ido à casa dele, não conhecíamos as famílias um do outro e, se bobear, acho que eu não sabia o nome completo dele nem ele o meu. Tínhamos praticamente os mesmos vinis, de forma que, além do nosso amor, não precisaríamos de muito mais. Bem, nem precisa dizer que acabamos descobrindo que nós não nos conhecíamos tão bem, entre outras coisas importantes que deixamos de considerar, como compatibilidade de valores e o desejo de ter filhos. Daí, não deu certo, mas aprendi que essa história de se apressar acaba mal. Certo? É ruim, hein! Minha relação seguinte passou rapidamente do "Muito prazer" ao "A gente tem que passar as férias em Barbados". Pelo menos fui à casa dele antes de colocar o biquíni na mala e, sim, de fato tínhamos os mesmos vinis. Só que acabou que a coisa ficou muito intensa em muito pouco tempo e a relação se desgastou. Dessa vez aprendi. Ah, quem me dera! Quem consegue resistir ao melhor amigo que se declara depois de várias Heinekens? Eu não consegui. E a amizade virou namoro. Sabe o que acontece quando, de uma hora para outra, de melhor amiga você passa a ser namorada? Você se dá conta de que não era para ser, só que vê que caiu numa cilada e está presa a uma relação com um cara que você ama, "mas como amigo". O negócio não acabou bem. Àquela altura eu me dava conta de que a rapidez era minha inimiga e que meu jeito de namorar estava todo errado. As relações em que eu me enfiei sofriam de uma falta de certeza, gerada pelo fato de eu mergulhar de cabeça ou jogar o cara num lago de sentimentos que nem sequer existiam. Então conheci Greg Behrendt, que provavelmente vinha fazendo a mesma coisa, pois quando nós nos conhecemos, ele agia feito o senhor "Vamos com calma". Ótimo. Saímos pela primeira vez e foi muito bom; na verdade, ainda durante o encontro, decidimos que sairíamos de novo. Só que então desmanchei tudo. Hã? É uma longa história, incluindo um ex-namorado que não sumia de vez. Entretanto, Greg disse a coisa mais surpreendente quando ouviu minha história real, mas muito da furada, sobre o ex-namorado que estava lá fora na varanda: "Não tem problema se você não gosta de mim assim dessa forma." Oi? Como assim, gente? Quem era esse cara totalmente calmo? Eu lhe disse com toda sinceridade que ainda não sabia se gostava dele, mas que estava a fim de descobrir. Assim namoramos à moda antiga. Ele me ligava, me convidava para sair, fazíamos planos, nos encontrávamos várias vezes. Saímos com outras pessoas enquanto nos conhecíamos melhor. Não havia expectativas, nada de pressa em definir as coisas, nenhum pânico com relação ao que o outro estava pensando, sentindo, fazendo. Daí, um dia ele disse uma coisa que me deixou com o queixo no chão: "Não vou mais sair com outras garotas. Só quero sair com você, mas não espero reciprocidade até que você esteja preparada." Oi? Como assim?! Quem é esse cara que vai deixar de se encontrar com outras garotas sem exigir que eu faça o mesmo? Então continuamos a nos ver e logo depois cheguei à mesma conclusão que ele... eu não estava mais a fim de sair com outros caras. E aí o namoro vingou porque os dois queriam verdadeiramente que isso acontecesse e descobriram isso, cada um em seu próprio ritmo. Revolucionário! Pouco tempo depois, ele disse aquelas três palavrinhas mágicas seguidas pelas palavras mais mágicas ainda as quais eu nunca tinha ouvido antes: "Eu te amo. Mas você não precisa dizer o mesmo. Não precisa se encontrar no mesmo estágio emocional que eu, mas sei que eu te amo e queria que você soubesse." Minha nossa! Está de brincadeira? De onde saiu essa criatura alienígena, tão à vontade com o que sente, capaz de me permitir ter os meus próprios sentimentos? Isso para você ver como eu achava estranha essa ideia de pegar leve, ir com calma e tentar definir o que eu sentia de verdade. Normalmente, nessa altura do campeonato, eu teria me sentido obrigada a dar uma resposta logo de cara e pedir a Deus para que eu acabasse desenvolvendo aquele sentimento depois, mas como ele era tão calmo e equilibrado, acabei me comportando da mesma forma, sem fazer o menor esforço. Dito isso, quando finalmente consegui viver uma relação em tempo real, a coisa vingou e até agora é a relação mais longa que já tive e tem sido a mais encantadora de todas, porque é de verdade e está acontecendo no momento real. Estamos cruzando este caminho juntinhos, de mãos dadas; não tem ninguém aqui andando na frente, arrastando o outro pelo braço. Nossa história é o que nos fez escrever este livro, pois sabemos o que é possível quando se aprende a fazer a coisa certa.

O BOM, O MAU & A FRIGIDEIRA OU POR QUE DECIDI SAIR COM AS MULHERES

GREG

Foi muito simples o que me levou a investir nos encontros. Tudo começou com uma frigideira. Pior que nem foi uma frigideira das boas, mas daquelas ferradas, toda escurecida, cansada de guerra, com a qual não dá nem para fritar um ovo sem queimar. "Espere aí, Greg! Quer dizer então que uma frigideira suja lhe impulsionou a investir nos encontros? Acho difícil de acreditar." Sim, eu me lembro de que pensei, na hora em que a frigideira gordurosa veio na direção do meu crânio: "Acho que tem alguma coisa errada com essa relação. Não estou sabendo escolher a mulher certa para mim." Deixe-me contar o que aconteceu. Eu tinha dado um tempo na birita (assim soa mais leve e alegre do que se eu disser que havia parado de encher a cara) e havia marcado um encontro com uma garota que também estava dando um tempo na birita. Além de gostosa, ela era engraçada, um pouquinho provocante. Saímos duas vezes: o primeiro encontro foi um jantar mais formal e o outro, mais descontraído, seguido de uma transa bisonha e prematura; decidimos então namorar. A gente não se conhecia bem, mas como havia rolado a transa, bateu uma sensação de vínculo; aliás, todas as minhas relações sempre começaram assim. Por que essa ia ser diferente? Desde a faculdade, a receita vinha sendo a mesma. Eu conhecia uma mulher, saía com ela duas vezes, transava na terceira, começava a namorar e brigava até o negócio ir para o saco. Não era culpa de ninguém ali! Era a forma com que as cartas eram distribuídas naquele jogo. Eu tinha um padrão que não dava certo, mas eu não me livrava dele... até que veio a frigideira. Lembro que liguei para a minha mãe naquele dia e disse: "... Quer saber? É bem capaz de eu não casar com ninguém. Talvez seja meu destino ficar solteiro. E se esse for o caso, então eu vou é aproveitar ao máximo essa vida de solteiro." Entrei nesse jogo como se fosse uma festa. Comprei um apartamento. Aprendi a cozinhar e a fazer faxina. Escolhi meus próprios móveis. Comecei a fazer tudo sozinho: ia ao cinema, almoçava e jantava fora, comprava minhas próprias roupas. Comecei a me convencer de que tinha de aprender a viver como se jamais fosse conhecer alguém, mas se eu conhecesse, a mulher ficaria boba ao ver que eu era autossuficiente e seu queixo cairia com minhas mesinhas de canto, feitas de bambu. Tipo, *Campo dos sonhos*. Se você construir, elas virão. E aí aconteceu a coisa mais esquisita do mundo: comecei a conhecer garotas. Em lojas de departamento, floriculturas, cafés, partidas de vôlei e cabeleireiros. Reconhece o padrão? Vá para onde as garotas estão. Mas não vá só por ir. O fato de naquele momento eu não estar ativamente à procura de um relacionamento fazia com que eu fosse aos lugares apenas por ir. E pela primeira vez na vida, tive a oportunidade de sair com mais de uma pessoa. E aproveitei. Eu nunca tinha feito isso, então, por que agora? Bem, fui passar o feriado do Dia de Ação de Graças na casa dos meus pais; eu estava no escritório de minha mãe procurando alguma coisa quando me deparei com uma antiga agenda da época em que ela namorava meu pai. Dei uma folheada e percebi uma coisa quase revolucionária. Ela começara a namorar meu pai no mês de maio. Sei disso porque o nome dele está lá, repetido durante todo o mês. Quinta-feira: Richard. Sábado: Richard. Só que há mais dois nomes que se repetem naquele mês. Steve e Aaron, mas, à medida que junho se aproxima, Aaron desaparece e o nome de Steve vai ficando cada vez menos comum até que desaparece por completo em julho. Meu pai se deu bem! Só que a lição aqui é que minha mãe não limitou suas opções, até sentir-se segura do que queria. Perguntei-lhe se papai sabia dos outros caras.

– No início, não. Mas naquela época não se perguntava nada. Simplesmente sabia-se que a pessoa estava saindo com outras.

– Simplesmente sabia-se que a pessoa estava saindo com outras? E ele encarou isso na boa?

– Ele não adorava a ideia, mas respeitava e, de algum modo, aquilo tornou mais gostoso ainda o fato de ele me conquistar.

Sair com outras pessoas?! Que ótima ideia, cara! Imagina só: a gente sai com alguém algumas vezes para ver o que sente. Então, decidi experimentar. E acabei gostando e descobrindo que eu era bom no negócio. Se todos os encontros foram legais? Coisa nenhuma! Vivi alguns pesadelos, que vou contar mais adiante. Se eu me magoei? Acho que teria me magoado mais se tivesse tentado transformar as saídas em relacionamentos. Mas os encontros me levaram à melhor relação que já tive com outra pessoa neste planeta. Foi por isso que eu quis escrever este livro. Existe uma opção, a única além dos casamentos arranjados. Espere — casamentos arranjados não fazem parte de nossa cultura. Mas se você estiver a fim de defender este tipo de casamento, encontrará lá no fim do livro um abaixo-assinado que criei. Então, por que sair com alguém? Porque é uma coisa que funciona, porque é a melhor forma de se conhecer melhor alguém que você não conhece e alguém que você conhece, pois é uma ótima maneira de se estabelecer o tom e o ritmo da relação; porque rolam os lanchinhos, a gente pode acabar ficando amigo de alguém ou até conhecer um futuro parceiro comercial; é capaz de você viver o pior pesadelo de sua vida, o que pode levá-la a escrever um best-seller; porque você não vai saber se não tentar, porque é só um encontro, p*@#a!

ONDE AS MULHERES ERRAM
AMIIRA

As mulheres sempre foram assim e nunca vão mudar: elas namoram o potencial e não a realidade do homem. Já está no sangue; não dá para controlar. É da própria natureza feminina manter as esperanças e enxergar as possibilidades e as qualidades de alguém. Parabéns para nós, né, migaaasss!!! Somos o máximo! Somos sim, mas namorar o potencial de alguém é provavelmente o maior erro que as mulheres cometem nos relacionamentos e com certeza o erro que nos leva ao fracasso amoroso. É que existem três tipos de homens: os que acham atraente a nossa fé em seu potencial; os que consideram isso um fardo... e os que acham interessante no início e então se arrasam com o fardo de seu potencial não alcançado e passam a odiar as mulheres que eles adoravam justamente por acreditarem em seu potencial.

O problema é que quando descobrimos qual dos três será o homem de nossos sonhos, geralmente é tarde demais. Uma vez que você tiver detonado com o ego de um homem *sem querer* (ou seja, quando o cara decidir que não quer alcançar o potencial que você estabeleceu para ele), vai ser difícil para o bofe se manter interessado e empolgado. Daí, é só uma questão de tempo até que o sexo se torne menos frequente, apareçam umas implicâncias com coisas que antes não incomodavam e a distância entre vocês torne-se tão grande que fique difícil de gerenciar.

Muito comumente, namorar o potencial de um homem é uma longa estrada que vai dar lá na rua do desastre. Então, minha amiga, preste muita atenção ao que ele diz ser e acredite. Se você conseguir amá-lo agora, sem basear sua atração no que ele possa vir a se tornar, então tudo bem. Caso contrário, é melhor continuar a busca, porque a maioria das pessoas tem aspirações diferentes das que você tem para elas.

Amar não é nadar contra a corrente.

Parte um
prepare-se para arrasar nos encontros

AVISO!

Você está prestes a entrar em uma região totalmente nova, onde encontrará um jeito completamente diferente de sair com os pretês e de viver. Os velhos hábitos não são bem-vindos e o fracasso não é uma opção. Caso não esteja disposta a realizar mudanças drásticas, melhor fechar o livro agora e comprar uns gatinhos do tipo bicho para lhe fazer companhia.

1

OS PRINCÍPIOS BÁSICOS
dos encontros para vencedoras

Os 8 princípios superextraordinários para um encontro ultracampeão™

Você provavelmente estava rondando a livraria, resmungando: "Ai, minha vida amorosa está uma droga. Nossa! Queria tanto que alguém me desse umas dicas para eu não me ferrar nos encontros." Menina, hoje é seu dia de sorte! Então, gata, prepare-se porque é exatamente isso que temos para você! Princípios superextraordinários para um encontro ultracampeão™. Sabemos que essa coisa de encontro virou uma bagunça na vida da maioria dos solteiros deste planeta e, sinceramente, não era para ser assim. O encontro era uma das coisas mais estruturadas e projetadas que nossa geração herdou. Não entendo como conseguimos estragar tudo. Para mim, é um mistério. Será? Bem, na verdade não é nenhum mistério. Em nossa evolução natural como seres humanos e à medida que nós nos tornamos uma sociedade mais liberal, descartamos as ideias que não funcionam. Não há dúvida de que é preciso atualizar e revisar algumas formalidades e certos comportamentos exigidos socialmente, para que acompanhemos o mundo contemporâneo; mas o encontro não precisava de tanta mudança. A revisão extrema da maneira com que se dão os encontros, que aconteceu após a revolução sexual, e sua contínua mudança que veio com os avanços na tecnologia de comunicação (como e-mails, mensagens de texto etc...) transformaram o encontro em sexo por telefone e saídas para lá de duvidosas. E o resultado é uma porção de gente infeliz e incerta, que está em completa desarmonia com seu universo romântico.

As mulheres desejam ardentemente a formalidade do encontro por causa da clareza que a acompanha. Imagine o número de mulheres suspirando de alívio só de saber que quando lhes convidam para sair é porque existe uma intenção amorosa séria! Nada de se perder tempo tentando descobrir se o tal encontro é um lance amoroso, uma saída com um amigo ou se sua companhia está lhe medindo para ver se rola um sexo sem compromisso. O encontro amoroso é algo sobre o qual VOCÊ tem controle, de forma que, se quiser que a coisa mude, se quiser assumir o controle sobre sua vida amorosa, terá que levar o negócio a sério e comprometer-se completamente com a forma com que você conduz os encontros. Você precisa ter um conjunto de padrões a serem seguidos para viver e sair com os caras, *sem exceção*. Isso significa que é preciso criar uma estratégia e instituir umas regras para si mesma e segui-las rigorosamente. Parece ridículo, mas não é. Na verdade, se você tivesse feito isso antes, poderia estar numa outra bem diferente, com o amor de sua vida ao seu lado e, claro, não teria desembolsado uma grana para comprar este livro. Digamos que o livro tenha custado R$19,95. Se você tivesse aplicado este valor em um fundo altamente rentável, imagine que, quando estivesse próximo de se aposentar, você já tivesse pelo menos R$1.047 bilhões. (Estes números não passam de mera estimativa feita por dois escritores sem a menor experiência financeira nem conhecimentos de economia e que não se responsabilizam pela forma com que você emprega seu dinheiro.)

Sabemos que a palavra *estratégia* com relação a um encontro amoroso pode soar como uma manipulação desonesta e não é disso que estamos falando aqui. O verbete **Estratégia**, no dicionário, é definido como: **1.** Planejamento de operações de guerra. (Não!) **2.** Planejamento de uma ação para conseguir um resultado. (Errado novamente!) **3. Uma teoria evolucionária, uma estrutura de comportamento ou outra adaptação que melhora a viabilidade.** Aha! Na mosca! Agora sim! Existe um pouco de estratégia em tudo que fazemos e não há nada de errado nisso. Na vida, existem escolhas, ações e consequências. Todas as coisas funcionam assim e os encontros amorosos não são exceção à regra. Tipo quando você convidou o baterista daquela banda de rock horrorosa para entrar e tomar uma saideira – essa foi uma escolha. Daí você acordou na manhã seguinte e o encontrou na cama de sua colega com quem você dividia o apê – está aí a consequência. Para sermos justos, seu apartamento estava todo escuro, mas mesmo assim... Não, não, não! Essa é mais outra desculpa sua para encobrir suas péssimas escolhas. A verdade é que você ainda gostava dele e esperava que fossem sair novamente e... *se tivesse se despedido dele lá na porta do prédio, talvez tivesse tido uma chance.* Assim sendo, vamos abraçar a ideia de criar uma estratégia para os encontros amorosos e para sua vida de forma que você consiga fazer escolhas de melhor qualidade. É como diz aquele livro famosíssimo, com um tal de Jesus: "A Fé sem laboro está morta." Ou seja, **você pode até acreditar que deseja melhorar a qualidade de seus encontros amorosos, só que nada vai mudar a menos que você esteja disposta a arregaçar as mangas e pôr a mão na massa.**

"Poxa vida, você agora pegou pesado. Eu não sabia que Jesus tinha encontros amorosos." Bem, agora você sabe por que o pessoal ficou tão pau da vida com *O Código Da Vinci*. Mas, voltemos a falar de você...

Se você se identifica com os trilhões de mulheres que nos escrevem reclamando de seus encontros, então sabe muito bem que para a maioria dos homens que cruzam o seu caminho, o encontro amoroso é algo que eles só topam se não houver outro jeito de rolar um lance mais informal (ou se não conseguirem lhe convencer a "brincar" um pouquinho com eles no bar). Talvez seja a coisa mais frustrante que ouvimos em todos os nossos papos do tipo "Qual é a dos caras?". O negócio é o seguinte: ELES DANÇAM CONFORME A MÚSICA QUE VOCÊ TOCA. Isso quer dizer que se você der mole, eles aproveitam mesmo.

É importante reconhecer que você pode até mudar o estilo do cara se vestir, mas não consegue mudar a atitude dele com relação ao encontro amoroso. Você pode apenas inspirá-lo a mudar para desfrutar mais de sua companhia – mas ele terá de mudar por si mesmo. *O que você determina é o valor de seu tempo, de sua companhia e como você se comporta nos encontros.* Eis as *únicas* coisas sobre as quais você tem o controle total, mas já são o suficiente para mudar o rumo do trem. Pense bem... esses tais encontros de Deus me livre e guarde, que nada têm de amorosos, só rolam mesmo quando você não valoriza o seu tempo e aceita tais convites. Entretanto, se você mantiver um padrão alto para seus encontros e não topar nenhuma dessas historinhas meia-boca de "ficar" ou "sair pra se divertir um pouquinho", o cara fica apenas com duas opções: ou convida você para um encontro sério ou monta no porco e desaparece da sua frente. E caso ele escolha a última alternativa, já vai tarde pois sua companhia é um prêmio valiosíssimo.

Se as pessoas estiverem mesmo buscando um relacionamento sério e não um "rolo" com alguém, elas precisam voltar a adotar uma atitude séria com relação aos encontros amorosos e parar com essa coisa de "ficar". "Mas, como faço para ter um encontro amoroso sério no meio de tanta confusão que o próprio encontro envolve?" Nossa, que bom que você fez essa pergunta, amiga, porque existem dois modos bem definidos de encontro: um certo e outro errado. Se você quiser ter bons resultados, melhor começar a se ligar e fazer a coisa certa. Existe um motivo por trás de seu fracasso nesta área: é que você está batendo numa tecla que não funciona para você. É hora de mudar o jogo. "Mas eu não gosto de fazer joguinho. Os encontros amorosos não deveriam envolver nenhum tipo de jogo." Tá, tá... já ouvimos essa história. A realidade é que os encontros amorosos envolvem um jogo chamado LIMITE. Com toda sinceridade, ao rejeitar essa ideia, minha querida, você está participando do seu próprio jogo. Um jogo de se recusar a encarar a natureza humana e as coisas que você já conhece com relação às amizades, ao trabalho, aos hábitos alimentares e tudo na vida que lhe faça adotar uma atitude responsável e pensar: "Gente, eu preciso fazer a coisa certa. Existe uma ordem na qual tudo acontece. Se eu zonear essa ordem, a vaca vai pro brejo." Agora me diga, por que diabos você escolheria justamente os encontros amorosos pra pensar "Ah, que se dane a ordem! Vou chutar o pau da barraca. Vou virar para o cara e dizer logo que estou apaixonada, levá-lo para o banheiro e cair de boca (ou qualquer impulso ao qual você sabe que não deveria ceder) porque assim ou ele vai querer ficar comigo ou montar no porco, *mas pelo menos não terei de esperar pra saber!*". Não faz o menor sentido. Ninguém chega a uma entrevista de emprego perguntando onde fica sua mesa de trabalho. Ninguém sai por aí tatuando no pescoço o nome de um amigo que conheceu há uma semana. Ninguém passa a semana toda comendo porcaria e depois se pergunta por que a calça está apertada. Entende aonde queremos chegar? Existe uma ordem nas coisas e os encontros amorosos não são exceção à regra.

Assim, criamos um conjunto de diretrizes, ou melhor, princípios superextraordinários para um encontro ultracampeão™. Essas dicas são o segredo para revolucionar sua vida amorosa e estabelecer o novo padrão para a forma com que você conduz os encontros. Como já dissemos anteriormente, **você é quem determina** o valor do seu tempo, de sua companhia e, sobretudo, como você conduz os encontros amorosos e como você em hipótese alguma *não* os conduz. Portanto, minha amiga, arregace as mangas e mãos à obra, pois encontros, aí vamos nós!

Olha só uma prévia dos princípios maravilhosos que você vai precisar enfiar nessa cabecinha linda:

Os 8 princípios do sucesso nos encontros:

Goste de si mesma e se dê o valor
Um bom começo é pegando leve com suas coxas. Gente, passe logo a gostar delas depois de todos estes anos lhe apoiando!

Viva e vá procurar o que fazer
... e não desmarque seus próprios compromissos por qualquer gato ou cachorro que aparecer na sua frente.

Pense linda e seja linda
Tome cuidado com o que você projeta para o mundo.

Não aceite menos que um encontro amoroso sério
Na boa mesmo. Pare com esse negócio de "ficar" com cretinos quando você está bêbada.

Não assuste os outros com suas carências
Loucura + Sexo nem sempre = Maneiro

Todo capacho dura uma vida, mas acaba no lixo
Siga seus padrões e descarte as condições bobas.

Não mostre o filme antes do trailer
Faça do sexo um evento caro e não um show gratuito

Nem todo encontro acabará em relacionamento
E uma relação que vale a pena não é uma corrida, mas sim uma jornada.

O NEGÓCIO É O SEGUINTE...

É só um encontro! Esta é uma filosofia e uma atitude, tudo no mesmo pacote. É a diferença entre esperar que algo aconteça e ficar surpresa quando a coisa acontece. É abrir mão de todo o processo sem abrir mão de si mesma. Tem coisas na vida que você consegue mudar. Seu peso, seu visual, sua cabeça etc. mas tem uma coisa que não dá para transformar: os outros. Por mais que tentemos, não conseguimos fazer com que os outros nos amem. Mesmo quando estamos lindas e maravilhosas, no melhor momento do mundo, vai ter sempre alguém que vai dizer: "Não faz minha cabeça." Mas quando estamos de bem com a vida nem ligamos! Viramos ali mesmo e pensamos "Ah, é só um encontro" e sabemos que haverá outros.

Quando se quer muito alguma coisa e se faz o possível para que aconteça, mas não rola, é preciso **se esquecer do resultado e continuar a fazer o que tem de ser feito**. Não dá para focalizar tanto no resultado porque ele sempre vai deixá-la na mão. Mas se você se concentrar no objetivo e esquecer o resultado, então, além de conseguir o que queria, provavelmente conseguirá algo melhor e diferente do que você tinha imaginado. A vida é assim. Vem sempre num pacote diferente daquele que você imaginou. O mesmo se aplica aos encontros amorosos. É preciso ir lá e ver no que dá. Bem, não parece tão difícil – mas na verdade é.

Este livro vai exigir de você duas coisas que parecem conflitantes. Vamos pedir que você fique esperta em suas tentativas de se melhorar E que não leve os encontros tão a sério. "Quer dizer então que vou ter que me empetecar toda e tentar, cagando para o resultado?" Exatamente. E você será uma pessoa melhor por isso.

Então, arregace as mangas, criatura, e vamos nos arrumar para sair!

2

PRINCÍPIO NÚMERO I
goste de si mesma
e se dê valor

Descubra a animadora de torcida, a estrela do rock, a física nuclear e alguma autoestima que existem aí dentro

Ano passado, um menina com seus vinte e poucos anos nos procurou porque não estava dando sorte nos encontros amorosos. Ela não namorava nem tinha um encontro decente desde o colégio e não conseguia nem chamar a atenção de um cara, que dirá arranjar um que a convidasse para jantar. Ela era bonita, tinha uma personalidade bacana, enfim, era com toda certeza atraente, mas parecia até uma boneca inflável murcha, tamanho seu baixo-astral. Ela disse:

— Ai, se eu soubesse que não haveria nada melhor do que o colégio, eu teria aproveitado mais ou até mesmo namorado sério com alguém para garantir o futuro.

A criatura achava mesmo que o jogo tivesse acabado para ela, aos 26 anos. Perguntamos então o que tinha rolado de diferente no colégio e por que ela achava que o auge de sua vida amorosa tinha sido naquela época.

Ela pensou e respondeu que fora animadora de torcida no ensino médio. Era feliz, admirada por vários grupos sociais diferentes, os garotos a desejavam feito loucos, o time de futebol a celebrava, desfrutava de certos privilégios na escola por realizar as atividades de animadora de torcida, como decorar o vestiário dos atletas, preparar as reuniões de concentração para os jogos, e ficava em evidência quase o tempo inteiro; para completar, nos dias de jogos ela assistia às aulas com seu uniforme de animadora... O colégio havia sido um sonho, e agora ela nem mais se sentia a mesma pessoa e com certeza seu estilo de vida mudara da água para o vinho.

Pensamos no que ela nos contou, no que sabemos sobre as animadoras de torcida e imediatamente a ficha caiu. As animadoras são sensuais e seguras; são as que comandam os corredores da escola e andam por todos os lados de nariz em pé. Agora ela vestia uma roupa cafona que era a antítese de uma animadora confiante; ela nos disse que se vestia desse jeito todos os dias. Quando perguntamos: "Por que você está escondendo a animadora?", a coisa toda se revelou. As lágrimas rolaram em seu rosto enquanto ela admitia ter engordado um pouco desde que terminara o ensino médio, que não gostava do próprio corpo, e que no primeiro ano da faculdade tinha levado um fora de um cara que nem era legal, mas um zé mané, e que ela já não se reconhecia mais. A verdade é que ela não gostava de si mesma e nem sequer achava que merecia coisas boas na vida. Deixara de se sentir bem, do jeito como se sentia na escola, de forma que perdera a confiança e o valor próprio. Basicamente, sua autoestima estava abaladíssima. A criatura precisava encontrar a animadora que existia lá dentro – precisava reencontrar sua confiança. Ficamos muito mal com aquela história, mas já não era nenhuma novidade para nós, pois milhares de mulheres já nos contaram a mesma coisa – mulheres de todas as idades que se possa imaginar – e tivemos que bater o martelo. Vamos passar a seguir um resumo do que dissemos a Snif Snif, a animadora de torcida...

FELICIDADE DÁ TRABALHO

Sempre deu, desde que o mundo é mundo. É preciso muita persistência para manter-se focada na vitória – não de forma competitiva; uma vitória pessoal mesmo – e a vitória é a lenha da fogueira da autoestima e da felicidade. Quando sua autoestima está bem, você age de maneira mais confiante e assertiva, sua energia é mais vibrante, as pessoas lhe tratam com mais simpatia e você fica mais elétrica, de forma que acaba atraindo oportunidades. Basicamente, seu andar muda, assim como sua fala, seus movimentos e, para usar as palavras do finado e maravilhoso Justin Timberlake, você está trazendo o sexo de volta. (Temos total consciência de que Justin Timberlake está vivinho da silva, mas queríamos ver se você estava mesmo prestando atenção.) Quando sua autoestima anda mal das pernas, você se sente mal consigo mesma e evita coisas e pessoas, sua energia fica pesada e negativa, a probabilidade de você ser tratada com simpatia diminui e você repele as oportunidades (inclusive as de encontros românticos!). Quando você se ama e se sente bem consigo mesma, quando se valoriza, sente-se merecedora de coisas boas e consegue coisas boas (como, por exemplo, um namorado bacana. Talvez até o próprio sr. Timberlake).

Todo o conceito de vitória em um nível pessoal é simples, mas não necessariamente fácil de se colocar em prática. O segredo é permanecer sempre em uma posição que lhe permita sentir-se ótima consigo mesma e manter-se fora de apuros. Eis como isso se reflete em termos práticos: você muda seu comportamento, mantém-se distante de pessoas que lhe provocam ou que lhe fazem se sentir mal consigo mesma. Do contrário, quem paga o pato é sua autoestima. A vitória pessoal é o mesmo que encontrar um jeito de manter-se no espaço pessoal onde você é simplesmente maravilhosa, poderosa, vibrante e alto-astral. Eis o segredo do sucesso em tudo que você quer fazer na vida. Isso significa não se comparar com mais ninguém e se concentrar em si mesma. Porque quando sua autoestima não anda bem das pernas e você se sente um lixo, você busca autoafirmação e aceitação nos outros, se contém com qualquer porcaria e só arranja porcaria mesmo. Afff! Ninguém merece!

Façamos uma retrospectiva antes de passarmos tudo mastigadinho para você numa bandeja de ouro. Você começou com muitas promessas, com infinitas possibilidades para o que pode fazer da vida e quem você pode se tornar. Do momento em que você sai do útero, você tem o potencial de ser qualquer coisa, desde o cara que se fantasia de Ronald McDonald e fica na porta do restaurante chamando o público, à gerente de uma grande empresa, quem sabe? (A propósito, o bico do McDonald's, se bobear, pode até pagar melhor e é muito menos estressante, mas, por Deus! Aquela fantasia é muito quente, galera!) Desde muito cedo, somos motivadas e aplaudidas até mesmo por nossas primeiras realizações, seja quando aprendemos a andar, dizemos as primeiras palavras, ou a primeira vez que conseguimos levar a colher à boca sem desviá-la. Os aplausos continuam para os mais sortudos que crescem rodeados de pessoas que os amam, os apoiam e que têm o maior prazer em levantar seu moral depois das escorregadas, das tentativas ou de um fracasso constrangedor. A grande promessa de que estamos falando é a simples existência da autoestima. Depois que amadurecemos, conseguimos encontrá-la sozinhas, mas para muitas é o que elas recebem, tijolo por tijolo, todas as vezes que lhes dizem que são boas, que está tudo às mil maravilhas, que conseguem fazer qualquer coisa que decidam ou que são mais bonitas do que a prima Laura. (Nossa, aquela ali é mesmo a maior mocreia!)

Então você tem essa autoestima, este senso de valor todo armazenado aí dentro, mas então, em vários pontos ao longo da jornada até aqui, você perdeu um pouco do valor que tinha por si mesma, pois faz parte da experiência nesta vida. É assim mesmo. Todos nós passamos por situações que afetam nossa autoestima e decepções que nos fazem questionar nosso valor, seja social, acadêmico, profissional ou amoroso. Basta se arrasar quando um namorado lhe troca por uma garota mais nova, uma loira de pernas compridas, uma modelo fotográfica, sua melhor amiga, aquele cara do boliche (por essa você não esperava, né, gata?) ou simplesmente outra pessoa para que você seja lançada em um poço de baixa autoestima que pode durar anos. Então acabamos em um ciclo de derrotas no setor amoroso, pois todas as vezes em que uma relação ou até mesmo um primeiro encontro não dá certo, você se culpa. O que passa pela sua cabeça é: "Deve ter algo errado comigo porque não fui bacana o suficiente para eles me amarem." Só que é aí que você deveria pensar:

"Sou responsável apenas pela minha metade nessa história. Não rolou porque uma andorinha só não faz verão; sorte a minha que tenha terminado agora." Sabe por que esse deve ser o seu pensamento? PORQUE VOCÊ NÃO PODE PROCURAR OUTRA PESSOA PARA LHE DAR VALOR! Isso você mesma é quem tem de fazer; você PODE e com certeza DEVE fazer isso.

Autoestima, amor próprio e confiança são três coisas que você deve estar constantemente reconstruindo até chegar ao ponto em que nada nem ninguém consiga tirá-las de você. Essas coisas, entretanto, só são adquiridas por meio de uma série de pequenas vitórias que, uma vez acumuladas, começam a fazer com que você se sinta melhor consigo mesma. Não espere que o mundo lhe dê essas oportunidades de bandeja; é preciso pôr a mão na massa e criar essas vitórias sozinha. "Como posso fazer isso?" Simples. Crie pequenas vitórias factíveis e alcançáveis diariamente e não se desvie delas em hipótese alguma. A higiene pessoal já é um ótimo começo. Todas as manhãs, lave o rosto. Vitória! Escove os dentes. Vitória! Está vendo? Você acordou há dez minutos e já está vencendo. Bum! Mais vitórias para você, amiga! Estamos falando de boas escolhas, muitas delas em sequência, o que lhe faz sentir-se bem consigo mesma e, consequentemente, dando uma inflada no seu ego cambaleante. Malhe, viaje, descubra algo que lhe faça sentir-se ótima e coloque em prática – participe de um trabalho beneficente ou assuma um desafio que você consiga superar. Mas a consistência é o elemento-chave. As pequenas vitórias levarão você de volta à promessa de antigamente. Você tem de fazer isso ou algo parecido todos os dias como forma de honrar quem você é e como você opera. Sua relutância em negociar será seu maior aliado pois é o que diz a você e ao mundo que você se importa consigo mesma (todo mundo acha isso o maior tesão). As pequenas vitórias são na verdade a base de quase toda pessoa de sucesso que você conhece, pois quando nada mais deu certo, pelo menos você usou o fio dental.

A chave para o encontro ultracampeão é que você não pode sair com o que você não é. Você não atrairá coisas maravilhosas simplesmente desejando-as, procurando uma vidente, pedras mágicas ou coisa parecida. Conseguimos as coisas maravilhosas quando somos maravilhosas. E isso dá trabalho!

MAS GREG, TENHO ALGUMAS DÚVIDAS

mas e se eu não for merecedora?

Querido Greg,

Havia três anos que eu namorava um cara e a gente estava para se casar, só que seis meses antes do casamento ele mudou de ideia. Disse que achava que não me amava. Ele não está com ninguém agora, mas não consigo deixar de pensar que tem algo errado comigo. Senão, por que ele romperia um noivado para ficar sozinho?

Kate
Bath, Inglaterra

Querida Noiva Abandonada,

Ninguém merece levar um pé na bunda quando estava achando que estivesse tudo se encaminhando bem na vida. Entretanto, o que ele fez na verdade foi o excelente serviço de não se casar com você ao reconhecer que não a amava. Apesar do que possa ter rolado no passado, as coisas mudam e é um saco mesmo. Mas isso também significa que ele liberou você para seguir em frente e viver outras coisas maravilhosas, só que você empacou no caminho, culpando-se, arrasando com sua autoestima e agindo feito uma coitadinha. Seu único erro é não conseguir enxergar seu próprio valor e isso vai lhe dar um trabalhinho; talvez até precise de um terapeuta, mas é hora de revisitar a garota que você era quando estava em sua melhor fase. Talvez até antes de você conhecer o "sr. Deu No Pé". Aguenta firme, gatona, pois sua história não para por aí.

mas e se eu não conseguir reconstruir minha autoestima?

Querido Greg,

Meu último namorado me traiu com uma colega do trabalho. O outro namorado, antes dele, me chifrou com uma amiga em comum e o outro namorado, antes desse, foi um canalha. Não sei por quê, mas ainda fiquei um bom tempo com todos esses caras depois de identificar seus problemas. Não sei como reconstruir minha autoestima depois de levar tanta bordoada no ego.

Claire
Minneapolis, Minesotta

Querida Ímã de Cretinos,

Minha nossa! Vá atrair otários assim lá no inferno! Já ouviu dizer que "os semelhantes se atraem"? O mesmo se aplica aos otários. Não que eu esteja lhe chamando de otária, mas é que você se sente à vontade com eles e lhes permite ser otários desse jeito em sua companhia. Isso significa que há alguma coisa em sua maneira de agir que lhe diz que você não merece coisa melhor e seja lá o que for, precisa dar um jeito nisso. Para reconstruir sua autoestima você precisa rodear-se de pessoas que lhe fazem sentir-se bem e que lhe inspirem mostrar suas melhores qualidades, que lhe façam cuidar de seu bem-estar e fazer uma coleção de pequenas vitórias. Só quando você atingir um nível em que se sinta merecedora de um bom relacionamento é que encontrará um. Logo, livre-se desses otários e busque ajuda para solucionar o que quer que esteja prejudicando seu sentimento de valor próprio.

mas e se eu realmente gostar de mim mesma?

Querido Greg,

Tenho 42 anos, sou empresária, tenho muitos amigos maravilhosos, uma ótima relação com minha família e, pela primeira vez na vida, estou arrasando, pois no último ano perdi mais de cinquenta quilos. Ou seja, não estou na "M"! Mas a sensação que tenho é de que vou passar a vida sozinha. Frequento boates, bares, festas, levo o cachorrinho pra passear no parque, e assim por diante, mas parece que ninguém olha pra mim, muito menos me convida pra sair.

O que faço? Estou muito perdida.

Anika
Ft Lauderdale, Flórida

Querida Nova Magra,

Em primeiro lugar, parabéns por fazer tantas coisas certas na vida e assumir o controle de sua saúde e do seu peso. Maravilha! Vou dizer o que acho que esteja acontecendo. Provavelmente, você foi gorda a vida inteira e se acostumou a isso. Daí, embora goste de si mesma e tenha perdido os quilinhos a mais, você ainda se sente como aquela gordinha e se comporta como tal. Ou seja, você projeta velhas ideias de si mesma sobre seu novo "visu", e então as pessoas acabam tratando você como antigamente. Os caras não lhe dão atenção porque você ainda não se sente merecedora dos olhares. Então, vamos parando com essa história agora porque você não teve todo aquele trabalho para chegar aqui e perder. Se for preciso, olhe-se no espelho todos os dias ou deixe um recado na secretária eletrônica dizendo: "Agora sou uma nova mulher. Já viu minha bunda?" Como todo o mundo que está lendo este livro, você é o máximo e merece ter uma relação maravilhosa, mas isso só vai acontecer se você gostar de si mesma, sentir-se merecedora disso e projetar-se assim no mundo.

mas e se não houver nada para se gostar

Querido Greg,

O que será que há de errado comigo? Gente, eu não paro em nenhum trabalho, os caras não me ligam depois do primeiro encontro e sou sempre ignorada, pois minha melhor amiga é mais bonita que eu. Estou para conhecer uma pessoa mais azarada do que eu. Estou interessada em um cara que só me conhece como a garota que deixou o celular novinho cair na privada do escritório. Por que ele iria gostar de mim ou, pior ainda, por que ele iria querer sair comigo? Eu só queria que algo de bom acontecesse com a garota ao lado da garota bonita.

Florence
Quebec, Canadá

Oi, Flo!

Você pega pesado consigo mesma, hein? Olha só, não é pecado algum ser desajeitada; na verdade, pode até ser charmosinho. Mas seu problema não é ser desajeitada ou azarada. Você não está fazendo nada além de tentar controlar a situação para não a piorar mais ainda, pois nem gosta de si mesma e acha que não merece coisas boas nesta vida. Se estiver concorrendo ao título de Miss Vítima de Sua Própria Vida, definitivamente você tem altas chances de vencer, mas sugiro que largue este concurso e tente concorrer ao título Miss Eu Gosto de Mim Mesma. A propósito, quem liga para o fato de sua amiga ser mais bonita que você e por que diabos você gosta mais dela do que de si mesma? Se quiser que gostem de você, inclusive o cara do escritório, vai ter de começar a gostar de si mesma em primeiro lugar. Quanto à parte dos pequenos desastres, você tem de usá-los ao seu favor antes que o mundo os use contra você. Assim, da próxima vez que você deixar o celular cair na privada, vire-se para o cara de quem você gosta e pergunte só de sacanagem: "E aí? O que você acha mais interessante? Que eu tenha deixado o celular cair no vaso ou o fato de eu tê-lo resgatado de lá?" Ou: "Ai, sabe, eu até lhe emprestaria meu celular pra você deixar uma mensagem me convidando pra sair, mas ele está de férias lá no banheiro." Aja com segurança e firmeza, leve as pequenas adversidades na esportiva e veja se você não consegue pegar leve consigo mesma!

DO OUTRO LADO DA CERCA

mas e se o problema não for meu, mas deles?

Fala, Greg!

Descolar um encontro é um saco porque a mulherada não gosta de mim. Trabalho como subgerente de uma butique feminina e daí estou sempre rodeado de mulheres e escuto os papos delas a respeito dos homens. Cara, você precisa ouvir! É cada baboseira! Elas dizem que não ligam se os caras têm grana e que elas só querem mesmo é sair pra namorar sério. Só que um minuto depois elas começam a contar que saíram com uns caras ricos e que jantaram em restaurantes chiques! São todas falsas.

Cadê a garota que vai se empolgar toda para ir comer um churrasquinho comigo na minha Brasília amarela, quando ela podia estar com um cara cheio da grana num carro bacana? Que se dane. Mesmo.

Brad
Fargo, Dakota do Norte

Caro sr. Não Tenho Chance

Entendo muito bem tudo o que disse e acho que você tem razão. Como você não tem grana, melhor mesmo desistir dessa história de sair e namorar. Assim, vai lhe sobrar tempo para escolher o apartamentozinho onde você está destinado a morrer só. (Não compre nenhum apê com janelas nem com vista para o beco onde ficam as latas de lixo.) Ou então você pode: A) ignorar a mulherada que só se interessa por caras com grana, B) descobrir como dar um uso criativo à grana que você tem e C) decidir que tipo de vida você quer levar. Mas antes de fazer isso tudo, acho melhor dar uma boa analisada em seus sentimentos com relação às mulheres porque, pela sua carta, parece que você as odeia, da mesma forma como odeia a si mesmo. Com todo respeito, meu irmão, não sei quem seria a doida que sairia com um cara assim, tão baixo-astral e sem autoestima. Você passa o dia rodeado por mulheres – é uma baita oportunidade que nem todo cueca tem e se você soubesse aproveitá-la e aprendesse a ser charmoso e divertido em vez de ficar pau da vida com todas as mulheres que o rodeiam, no lugar de ser rejeitado, teria que organizar muito bem a agenda para dar conta de todos os encontros. A propósito, existem coisas muito mais atraentes do que dinheiro, como, por exemplo, segurança. Acho bom ter um pouco disso. A segurança lhe ajudará muito mais do que um maço de verdinhas.

A GAROTA QUE MANDOU BEM

Não vou mentir aqui dizendo que nunca tirei vantagem de uma boa oportunidade com as garotas. Não sei se é um lance de "Papai", mas algumas mulheres nos deixam fazê-las de gato e sapato. Na época da faculdade, os caras se juntavam para se gabar com histórias sobre a mulherada. Quando terminei o ensino superior, eu esperava que a coisa fosse diferente depois que eu começasse a trabalhar com profissionais e não com as menininhas das irmandades. Só que a maioria das mulheres bem-sucedidas são tão carentes de atenção masculina que topam qualquer coisa e nem exigem que a gente prometa que vai ligar. É muito louco. Então passei muitos anos só aproveitando o lance da falta de compromisso até que conheci a Susan. Ela se recusava a aceitar meu papinho e nem sequer demonstrava interesse. Fiquei muito tempo sem entender o que a tornava diferente, mas eu estava de quatro por ela. A garota era inteligente, sexy e segura, o que é ótimo, mas eu já tinha saído com mulheres assim. Susan era bonitinha, mas seu nariz era meio grande, o que deveria causar-lhe algum tipo de complexo, mas nada, rapaz! Eu não conseguia tirá-la da cabeça e ela não me dava a mínima. Vou lhe dizer uma coisa: nunca suei tanto a camisa para conseguir marcar um primeiro encontro, e depois um segundo e um terceiro. Foi difícil convencer Susan a sair comigo. Quanto mais tempo passava com ela, mais eu ficava intrigado, mas só muitos anos depois, quando estávamos morando juntos, foi que finalmente entendi o que a diferenciava de todas as garotas com que eu tinha namorado. Ela gostava de si mesma e não precisava nem um pouquinho da minha aprovação. Assim, nós nos casamos antes de ela perceber que eu não tinha essas qualidades e espero de alguma forma conseguir aprender antes que ela perceba alguma coisa. Nunca vou entender por que as mulheres aceitam qualquer porcaria; só sei que enquanto elas aceitarem, os caras estarão mais do que felizes em se aproveitar.

Tim
Denver, Colorado

DEU CERTO COMIGO!

Conheci vocês na festa de lançamento do livro *Quando termina é porque acabou*, exclusiva para solteiros em Seattle. Durante uma sessão de perguntas e respostas, eu lhes contei sobre meu último relacionamento com um cara que me ofendia verbalmente e o subsequente rompimento e vocês dois me deram a maior força com relação à minha decisão de acabar tudo (na época eu estava arrependida por ter terminado com ele). Vocês me disseram que eu não me achava merecedora de nada melhor do que um cara que me ofendesse e eu lhes disse que estavam enganados. Vocês insistiram nessa ideia e fiquei muito magoada, porque gosto de achar que sou uma pessoa bem equilibrada, que tem amor-próprio. Mas quando cheguei em casa naquela noite, olhei para as fotos nos porta-retratos em todos os cantos, vendo imagens de mim mesma como uma garotinha com os pais e em várias fases da minha vida e comecei a chorar. Chorei por muito tempo, o que para mim foi terapêutico, mas durante o choro, ou talvez o que o tenha causado, veio a percepção de que vocês estavam certos. Se eu realmente sentisse que merecia coisa melhor, não teria aguentado as ofensas por tanto tempo e teria sido fácil largá-lo. Já se passaram alguns anos e tenho trabalhado muitas coisas em mim; estou fazendo terapia para tentar entender por que estou sempre me colocando em segundo plano em relação a pessoas que não fariam o mesmo por mim. Sinto que já mudei muito, estou mais resolvida, mais confiante e mais dona de mim mesma. É com muita alegria que escrevo para lhes dizer que conheci um cara maravilhoso que me ama e que me dá o mesmo valor que dou a mim mesma e que vamos casar neste outono. (Segue em anexo o convite.) Espero que possam ir, pois vocês realmente mudaram minha vida, mas nem precisam se preocupar com presente. Vocês já me deram um dos grandes.

Mavis
Kirkland, Washington

QUANDO EU ERA SOLTEIRA
AMIIRA

Eu sempre me conformei com raspas e restos em toda a minha vida sentimental. Se o cara tivesse apenas algumas das qualidades que eu estivesse procurando, mas uma porrada de outras que não estivessem dentro do que eu queria, eu mergulhava de cabeça! Melhor ainda, se pintasse um cara que não estivesse pronto para um compromisso mas que conseguisse me enrolar, deixando as coisas no ar, lá estava eu! Esse é o meu homem! Só não deixe ele saber disso para não assustá-lo. Qualquer coisa esquisita e que me deixasse insegura valia a pena pois, se eu conseguisse fazer com que o cara gostasse de mim, então confirmaria que eu era boa mesmo. Boa mesmo no quê? Fala sério. O que eu estava procurando e por que eu achava que um cretino que me fazia sentir péssima e inadequada era melhor do que eu ou, pior ainda, que ele tinha as respostas? Por que cargas-d'água a chave de minha autoestima estaria nas mãos de outra pessoa? Foi essa a revelação que finalmente tive depois de mais uma decepção amorosa, num pseudorrelacionamento com alguém que tinha uns defeitos tão horrorosos que chegava a ser cômico. É preciso conhecer um desses para que a pessoa leve uma porrada na cabeça que acabe dando uma boa chacoalhada no cérebro da infeliz e então ela pare de se odiar tanto. Nesta vida é preciso apertar o botão de "reconfigurar" com frequência para que a gente se obrigue a começar a fazer escolhas melhores conscientemente, porque ninguém mais pode fazer isso pela gente. Amiga, estar numa relação em que há um desequilíbrio nos sentimentos é o "ó". Sei muito bem disso porque já passei pelos dois lados desse desequilíbrio e nenhum dos dois é confortável. Bom, pelo menos quando não é você a parte que está mais se esforçando e investindo, não bate um pânico nem uma inadequação, típicos de quem está do outro lado da equação "Por favor me ame". Mas a sensação de inadequação sinaliza que além de estar na relação errada, a pessoa não se encontra bem consigo mesma. Quando a pessoa está sempre entrando em "furadas", investindo em relações em que ela não se sente amada, que lhe faça sentir-se mal e insegura e que não gere nenhuma sensação de puro prazer e bem-estar, a coisa é mais ou menos como um vício em jogos de azar. Passar a vida achando que o dia seguinte será o momento da virada e que as coisas vão se estabilizar é o mesmo que pensar que as próximas cartas lhe ajudarão a ser o grande vencedor do jogo quando na verdade você está simplesmente desistindo de si mesma aos poucos. É negação, no sentido mais profundo, pois você participa da coisa todos os dias e sabe disso, mesmo que seja numa intuição que se manifeste no desconforto que você sente ao encarar milhares de dúvidas.

    É difícil dizer por que demorei tanto para gostar de mim mesma de forma a tranquilamente evitar cair em relações duvidosas, mas depois que descobri, não pude mais ignorar essa verdade inegável. Ninguém me conhece melhor do que eu mesma e por isso não preciso me autoafirmar com ninguém. Eu sou livre. Poderosa. Estimável. Amável. E as pessoas ao meu redor sabem que tenho consciência disso. Levei apenas dez anos para chegar lá, mas exatamente por ter atingido esse ponto foi que encontrei a melhor relação para mim e agora tenho o resto da vida para me sentir bem.

REFLEXÕES DA CIDADE DOS CUECAS

O que atrai os caras? Um belo decote! Ponto final. Está bem, não é exatamente isso que quero dizer. A resposta a esta pergunta é quase impossível. Talvez porque essa resposta esteja no que cada homem em particular procura. Tem uma coisa que é batata: é importante que a mulher seja gostosa e atraente; talvez até esse quesito encabece a lista. Os homens são seres visuais (para maiores detalhes, dê uma passadinha pela internet). A segurança também está lá no alto de nossa lista pois ela praticamente consegue compensar quaisquer imperfeições que a mulher tenha no quesito "beleza física". Aí então vêm outras coisas como estilo pessoal, ética profissional (sim, ao contrário do que o povo acha, alguns caras gostam de mulheres com quem eles possam competir), crenças religiosas e gosto musical. Porém, o toque que tenho para dar a vocês, garotas é: E DAÍ? Não vai adiantar nada descobrir do que nós gostamos a menos que vocês também gostem. Se quiserem uma relação maravilhosa, então sugiro que tenham uma relação maravilhosa consigo mesmas. Só vamos gostar de vocês se vocês se gostarem e dá para sacar quando não é o caso. E alguns caras vão usar esses seus pontos fracos para se divertir. Entenderam ou vou ter que explicar? Quando vocês negociam seus valores ou suas necessidades em nome do nosso prazer ou pela nossa atenção, sacamos na hora e acabamos mais cedo ou mais tarde caindo fora. A coisa se dá dos dois lados. Todas as vezes que abri mão de quem eu era em troca de sexo ou atenção, sempre me dei mal (para maiores detalhes leia *Quando termina é porque acabou*). Quando a pessoa se coloca em segundo plano é porque sofre de uma grande insegurança e procura alguém que possa curá-la do mal, seja sexual ou emocionalmente. Por isso que é de extrema importância que vocês atinjam um estágio em que se sintam bem e se amem, nem que seja para pelo menos peneirar e se livrar dos cretinos.

BISCOITINHO DA SORTE DOS RELACIONAMENTOS

A sensualidade ganha da beleza, a inteligência supera a sensualidade, o bom humor passa a perna nas três... e a segurança deixa todos eles no chão.

O PIOR ENCONTRO DA HISTÓRIA ☹

Nunca entendi qual era o meu erro nos encontros até que saí comigo mesma. Calma que eu já explico. Mais ou menos um ano atrás, conheci um cara no teleférico em uma área de esqui em Lake Tahoe. Era uma boa distância a percorrer e acabei descobrindo que ele também morava em São Francisco. Ele me convidou para sair, ou melhor, jogou umas indiretas sinalizando que gostaria de me convidar, mas disse que era muito tímido. Achei que fosse uma forma bonitinha de me convidar/ não me convidar para sair. Sei o que vocês acham, mas ele era tão fofinho que o ajudei a me convidar e acabamos saindo. Foi o pior encontro de toda a minha vida. Jantamos em um restaurante superbacana no Embarcadero, em São Francisco. Estava indo tudo bem, mas ele era muito deprê e inseguro com as coisas e tudo que dizia sobre si mesmo era negativo, tipo "Não sei... não sou tão inteligente assim", "Meu corpo já foi outro", "Hoje estou todo fora de forma", "Ah, a minha vida é meio sem graça" ou "Provavelmente você está acostumada a sair com caras mais bonitos". Ali estava, um esquiador bonitão, com um ótimo emprego no ramo imobiliário, mas que só conseguia me dizer que era um otário enquanto enchia a cara e ficava cada vez mais deprê. Fiquei muito incomodada com a situação, mas finalmente me toquei de que a coisa me incomodava porque eu já tinha feito a mesma coisa a vida toda. Sempre me depreciava, colocava-me para baixo sabe lá Deus por quê, e tinha vários encontros desastrosos. Sabe o que descobri? Que é muito brochante. Ninguém quer namorar um presunçoso dos infernos, mas quem quer namorar alguém que se acha um zero à esquerda? Foi a primeira vez na vida que eu me toquei que sou uma esquiadora bonitona, com um ótimo emprego e apesar de todas as besteiras que já disse em infinitos encontros amorosos, sou um bom partido. Eu não me encontrei mais com ele, mas encontrei a mim mesma e vi que péssima companhia eu vinha sendo, pela primeira vez, de forma que o encontro com o esquiador não foi de todo ruim.

É só a p*@#a da sua felicidade!

* Sua felicidade é a coisa mais importante nesta vida. Se você não é feliz, não serve para nada. Olha só, ninguém é feliz o tempo todo, mas se você estiver pelo menos em busca da felicidade, é isso que vai lhe tornar atraente para o tipo de homem que além de divertido está buscando um relacionamento sério. A questão é que você precisa descobrir como ser feliz a qualquer custo e lhe diremos agora mesmo que a felicidade não virá de outra pessoa. Virá das pequenas vitórias e dos grandes objetivos. E, no final, se você encontrar felicidade, é possível que descubra que não precisa de um homem na vida ou, caso encontre um de fato, ele será apenas um complemento para uma vida bem vivida.

O original e mundialmente famoso Livro de Exercícios das Campeãs

É hora de encarar com seriedade a reconstrução de sua autoestima. Qualquer que tenha sido seu apogeu, qualquer que tenha sido a época de sua vida em que você simplesmente arrasava e abalava, é lá onde você encontrará as respostas para reconstruir seu senso de autovalor. Foi lá que sua autoestima encontrou-se no pico, quando você projetava isso no universo e tinha um enorme sucesso pessoal. É preciso voltar ao ponto em sua vida no qual você se sentiu mais maravilhosa e descobrir como chegou lá, o que rolava na época e que não rola mais e como retornar àquele estado. Para descolar um ótimo relacionamento é imprescindível que você, mais do que ninguém, volte a acreditar em todas as maravilhas sobre si mesma e descubra por que deixou de acreditar. Falando sério, se você mesma não sente essas coisas maravilhosas, por que outra pessoa deveria sentir?

Pegue o laptop, o caderno, um guardanapo ou qualquer coisa que você vir pela frente. É hora de fazer um inventário pessoal. Complete as lacunas com os termos mais específicos possíveis. Vejamos se não conseguiremos encontrar sua versão maravilhosa e arrebatadora de si mesma.

1. Qual foi a melhor época de sua vida?
2. Quais os acontecimentos que tornam essa época tão boa?
3. O que havia de diferente em você?
4. Como você se sentia com relação a si mesma?
5. Quando as coisas mudaram e o que mudou?
6. Como você se sente com relação a si mesma agora?
7. O que pode fazer para voltar àquele estado?

Vamos agora focalizar em suas qualidades:

1. Por que você é especial?
2. O que a torna diferente de todos?
3. Por que você é uma pessoa de valor, com a qual os outros deveriam se envolver?
4. Quais as suas maiores qualidades?
5. Quais os seus defeitinhos amáveis?
6. Quais as pequenas vitórias que você acumulará para si?

3

PRINCÍPIO NÚMERO 2
viva e vá procurar o que fazer

... E não desmarque seus próprios compromissos por qualquer gato ou cachorro que aparecer na sua frente.

Começo de namoro é sempre excitante. Todos aqueles sentimentos que vêm acompanhados pelo desejo de se passar cada minuto com ele, mergulhando em todas as sensações gostosas dos primeiros beijinhos e outras coisas. É como penetrar numa pequena existência utópica onde os dois pombinhos encontram-se numa bolha, totalmente ligados por essas emoções efervescentes. Vocês se falam constantemente, se veem todos os dias, você sai do trabalho e corre para casa para vê-lo cinco minutos mais cedo, dá o cano nos amigos, chega atrasada no trabalho, sai cedo, falta às aulas de ioga e a vida é bela... até que você se estrepa. Quando para de viver sua vida para dedicar todo o seu tempo e sua energia a um novo romance, você sufoca seu parceiro. A coisa começa assim: "Uau, ela é incrível!", daí passa para: "Não canso de estar com ela" e vai chegando ao estágio do "Ela é um pouco carente e quer passar cada segundo grudada em mim"; e então a coisa vai ficando feia, atingindo o "Não consigo me livrar dela" até o derradeiro "O que faço para evitá-la?".

Dá para sentir a mudança quando alguém está disposto a lhe dar toda a atenção, e embora seja gostoso no início, não demora muito para que se torne um saco. São essas mudanças que nos fazem recuar ou fazem com que os outros se afastem de nós. Todo mundo já fez ou sentiu isso. As pessoas não querem que você deixe de viver sua vida por elas, mesmo que achem que queiram no início. Aqueles que realmente querem que você se anule por eles são os que mais tarde vão lhe dar um chute no meio do traseiro.

Muitos livros, especialistas, páginas na internet e bolas de cristal dedicados a esta área sugerem que você passe a impressão de ser uma pessoa ocupada, que não atenda as ligações, finja que tem planos e faça um jogo chamado "Não tenho tempo para você, por favor se apaixone por mim". Este conselho pode até parecer inteligente ou pelo menos estratégico, mas no fundo ele está lhe colocando uma pilha para começar uma relação baseada na mentira e tem um cheiro de... do que mesmo? Ah, sim, de manipulação. É assim que toda grande história de amor começa, certo? Errado. Então por que o jogo "Não tenho tempo para você, por favor se apaixone por mim" parece que funcionaria? Bem, é que o negócio até que tem uma certa lógica, pois você passa a imagem de difícil e consequentemente torna-se mais desejável e como todo mundo quer o que não pode ter, faz sentido que você seja mais desejada caso mostre-se indisponível. Só que fingir que se tem uma vida agitada e cheia de programas não passa de um joguinho e termina em tristeza.

Então, pessoal, qual é a sugestão magnífica que vocês têm para dar? Está pronta? Espere.

... PROCURE O QUE FAZER DE FORMA QUE NÃO PRECISE FINGIR QUE TEM UMA AGENDA LOTADA. Ocupe-se mesmo. Faça planos com os amigos e não lhes dê o cano porque eles são tão importantes quanto sua vida amorosa. Seja pontual no trabalho porque é importante para você. Não fuja de suas responsabilidades, de sua família, de seus sonhos, valores ou bem-estar por nenhum zé mané que aparecer em sua frente.

As pessoas curtem um certo mistério. O cara gosta de lhe conhecer aos poucos, de pensar em você e imaginar o que você estará fazendo. Perguntar-se por que você tem de sair cedo, por que gosta do trabalho, por que os amigos são tão importantes ou por que você é tão ligada à família e pensar: "Caramba, ela tem outras prioridades além de mim e uma vida muito maneira." Ter uma vida que seja importante para você, sem esquecer os amigos, o trabalho, os planos e interesses por causa de um novo namorado vai fazer bem para os DOIS pombinhos.

Você tem que ter sua vida! Uma vida cheia, que não pare toda vez que um namorado em potencial bater à porta. E caso não tenha sua vida, é bom se perguntar o porquê disso e que diabos você está esperando. Estou falando sério. Tem gente que leva uma vida que as pessoas admiram e tem gente que se limita a assistir aos outros levando essa vida admirável. Por que você está assistindo ao invés de viver? Na verdade, é bem simples ter sua própria vida. Por exemplo, digamos que seja quinta-feira e que você não tenha planos para a sexta, mas acha que o gatinho pode ligar lhe convidando para sair. Antes você esperaria para ver se ele ligava e então se decepcionaria se ele não ligasse e teria perdido outras oportunidades além do encontro com o bofe. Só que você é uma nova mulher e agora não fica mais sentada ao lado do telefone! Agora você faz vários planos que enriquecerão sua vida ou criarão uma experiência interessante, que servirá como assunto para a próxima vez que você sair com o pretê. Exemplo: encontros com antigos amigos, uma ida a um novo restaurante, uma ida a tal boate onde você nunca esteve para assistir ao show de uma banda ou uma ida a uma vernissagem. Ao tomar a iniciativa de fazer planos e ferver neste mundo em vez de esperar que o cara lhe puxe para o mundo dele faz com que você se torne uma pessoa com vida própria. Você não fica mais interessante quando tem experiências para compartilhar? Você não fica mais atraente quando tem eventos sobre os quais conversar? Você não fica mais fascinante quando tem uma vida movimentada e não uma vida descartável?

Os vencedores e o agito atraem as pessoas. Todo mundo adora e se inspira nas pessoas que vivem neste mundo com um senso de propósito. Pessoas que não pedem permissão para viver suas vidas, mas que simplesmente as vivem independente do que os outros achem ou deixem de achar. Quando tem uma vida cheia, você não somente atrai como também consegue o que quer.

MAS GREG, TENHO ALGUMAS DÚVIDAS

mas e se a agenda dele for difícil de conciliar

Querido Greg,

Há umas duas semanas estou saindo com um cara que trabalha pra caramba. Não dá pra ele se programar para os nossos encontros, então tenho sido paciente e ficado à disposição para o caso de ele poder sair comigo. Meus amigos estão chateados porque não participo dos programas com eles e tampouco consigo ver o cara. Qual é o segredo para conciliar essa situação difícil?

Clara
Notting Hill, Inglaterra

Querida srta. Agenda Conflitante,

O negócio é o seguinte: sempre viajo por uma determinada companhia aérea porque é boa e confiável. Entretanto, ela não espera que eu ligue para definir sua programação de voo. Então viajo quando é adequado para ambos, não somente para a empresa. Às vezes, tenho que mudar meus planos para poder pegar um determinado voo porque não quero viajar com outra companhia. Também sei que, se eu decidir não viajar, haverá voos de qualquer modo e isso não quer dizer que ela não goste de mim. Significa que a empresa não para e é por isso que opto sempre por ela. Além disso, é uma companhia aérea muito sexy. Entende aonde quero chegar? Você é a companhia aérea. Você deve manter seus voos — ou seja, manter-se firme nos planos com os amigos e não mudar a agenda — e o cara pode pegar seus voos quando der, mas você não atrasará a decolagem ou sua vida por causa dele. Porque viajar com você é melhor do que viajar com qualquer outra empresa aérea, e o cara certo perceberá isso.

mas e se eu abrir mão de meus planos com o maior prazer?

Querido Greg,

Quando gosto de alguém, gosto muito. Não dá para controlar e não vou me privar dessas sensações superbacanas de gostar de um novo cara e não desgrudar dele. Não me importo de abrir mão das minhas coisas porque o que recebo em troca vale a pena. Meu erro é sufocar os caras, mas também já fui sufocada e essa não é a pior forma de descobrir que você não está na relação ideal. Esse é o meu jeito e acredito que, quando encontrar o cara certo, rolará uma paixão tão forte que a gente vai ficar de quatro um pelo outro, e saberemos que estamos no caminho certo quando nenhum de nós se sentir sufocado ou cansado do outro. Para mim é o paraíso. Toda relação é um jogo de azar e, além de adorar um cassino, fichas é o que não me falta. Então, mando ver.

Brooke
Los Angeles, Califórnia

Querida Cassino em Chamas,

É isso aí! Mal posso esperar que seu livro seja publicado. Parece que você e os caras que atrai estão com a bola toda.

P.S.: Na próxima vez em que você sufocar alguém, use um travesseiro, desse jeito eles nunca irão embora.

e se essa história de me manter firme nos meus planos não der certo?

Querido Greg,

Tive um primeiro encontro maravilhoso com um jornalista esportivo. Isso foi numa segunda-feira. Senti que a gente se entendeu bem pra caramba. Gostamos do mesmo tipo de comida, de atividades ao ar livre e especialmente de acampar. Ele chegou até a dizer algo do tipo "Deveríamos acampar qualquer hora dessas". Achei bastante promissor e muito fofo. Então eu disse "... deixa eu olhar minha agenda". Rimos muito do comentário. Duas noites depois ele me levou para um jogo de beisebol e na noite seguinte saímos pra dançar. Nessas ocasiões ele voltou a falar sobre acamparmos, sugerindo que fôssemos no próximo fim de semana. Disse a ele que eu tinha um chá de bebê de uma prima e que talvez pudéssemos ir no outro fim de semana. Ele falou que estaria viajando e que essa seria a única chance que ele teria por um bom tempo. Eu disse que não cancelaria meus planos, mas que poderia reservar um tempo pra quando ele voltasse. Ele concordou, mas nunca mais tive notícias dele. Será que estraguei tudo? Gostei dele de verdade.

Emily
Pittsburg, Pensilvânia

Querida Emily Bandeirante,

Você realmente estragou tudo. Você não só deveria ter pedido a sua prima para adiar o chá de bebê, como deveria ter pedido demissão do trabalho, comprado uma barraca e acampado em frente à casa dele. Não, você não estragou tudo! Você fez exatamente o que deveria ter feito, que é manter o planejado. Você já o tinha encontrado três vezes naquela semana. O fato de você não ter tido notícias dele me faz pensar que o jornalista esportivo só queria vê-la nua na barraca. Senão ele teria esperado com o maior prazer por sua maravilhosa companhia. Além disso, já imaginou o quanto você teria ficado chateada se tivesse decepcionado sua prima, ido acampar e então nunca mais ter tido notícias do cara? Continue assim, gatona, pois você está certíssima.

e se ele não tiver vida própria?

Querido Greg,

Ok, aqui vai uma bem difícil. Tenho saído com um cara bem legal há pouco mais de um mês. Ele faz tudo direitinho e, na verdade, está caidinho por mim. Ele liga, aparece quando marca, se interessa pelo meu trabalho (sou advogada) e gosta dos meus amigos e de minha família. Então qual é o problema? Eu me sinto mal em escrever isso, mas a disponibilidade dele é grande demais. Eu estava com tanto medo de ele ser igual aos outros caras com quem já saí, que não estavam nem aí pra minha vida, mas é justamente o contrário. Ele chega a se interessar demais pela minha vida e não é só isso: além do trabalho (ele é analista de sistemas), o cara parece não ter mais nada pra fazer. Como se diz a alguém para cuidar da própria vida? Não quero estragar as coisas. Como faço para dar um jeito nessa situação?

Cerys
Cardiff, País de Gales

Querida Ele Está Apaixonado Demais,

Melhor contar a verdade pra ele hoje, porque essa atitude é de brochar qualquer relação. Aí vai o que você precisa fazer: repita pra ele a lista das coisas legais que você acabou de me contar, que esse relacionamento tem um grande potencial, mas para que dê certo, ele não tem que se sentir na obrigação de dedicar tanto tempo a você. Diga que adoraria fazer mais coisas com seus amigos e familiares e que também quer um tempo só seu pra recarregar as baterias. Das duas uma: ou ele se empolgará com a possibilidade de unir os dois universos ou você terá a certeza de que ele não tem vida própria. Se a segunda opção for verdadeira, então você terá que dizer a ele que seus requisitos para uma relação promissora incluem que ambas as partes tenham planos e projetos próprios, que ele terá que descobrir outros interesses que lhe tragam satisfação além do trabalho e de você. Tomara que ele entenda. Você pode estar fazendo um grande favor a ele, mas deverá deixar claro que esse relacionamento não dará certo se ele não seguir este conselho. Desculpe, gostosona, mas não vai dar certo mesmo.

DO OUTRO LADO DA CERCA

onde consigo encontrar uma vida?

E aí, Greg?

Outro dia eu lhe ouvi no rádio falando sobre arrumar o que fazer da vida, só que você não disse como exatamente devemos proceder. Vou lhe contar meu problema. Há pouco tempo eu me mudei por motivos profissionais e conheci a garota que veio a se tornar minha namorada. Fizemos tudo quanto é programa juntos, mas agora estou sacando que ela tá enjoando de mim. Não quero ser o tipo do cara que não tem vida. O problema é que não conheço ninguém por aqui além dos colegas de trabalho, que são um porre, e grande parte de minha vida social gira em torno dela. Socorro!

Burton
Roswell, Geórgia

Caro Garoto Sem Vida,

Frescobol, aulas de violão e guitarra, trabalho voluntário — cara, faça alguma coisa. Olha só, mudança de endereço requer uma enorme adaptação, ainda mais quando o pacote vem acompanhado de um novo relacionamento. Portanto, faça uma reflexão bem profunda. Pegue um pedaço de papel e escreva todas as coisas que você sempre quis experimentar ou fazer. Qualquer coisa, desde montar uma banda a perder peso, é uma desculpa para lhe tirar de casa. E não tenha medo de passar mais tempo sozinho. Acredite: como homem casado e pai de dois filhos, ao ler sua carta, senti um pouquinho de inveja. Adoro minha vida, mas tem dias que sinto uma vontade tremenda de passar umas horinhas sozinho. Tá, isso não é 100% verdade, mas você entendeu.

A GAROTA QUE PISOU NA BOLA

Eu e Sienna trabalhávamos para a mesma empresa de marketing de internet havia mais ou menos dois anos, mas só passávamos mais tempo juntos durante as festas, os retiros, eventos de integração etc... Então fui promovido e acabei sendo o chefe da divisão dela. Na hora pensei: "Maneiro, agora vou conhecê-la melhor." Então eu a convidei para sair e tivemos uns dois encontros maravilhosos. Percebi que gostava muito dela e queria vê-la o tempo todo. Ligava para ela durante reuniões de negócios, pedia que ela desse uma fugidinha para se encontrar comigo durante o expediente mas ela não topava. Era uma tortura deliciosa. Nós nos encontrávamos depois do trabalho duas vezes por semana, mas era só. Ela prepara o jantar com a irmã às terças-feiras, faz Pilates às quintas, limpa a casa e cuida da roupa suja aos domingos e na época, tinha acabado de se matricular num curso de cerâmica nas manhãs de sábado. Sua agenda estava sempre lotada e sobrava pouco tempo para mim. Até que enfim uma garota que tinha vida própria. Que sexy! Eu estava muito a fim dela e adorava ter que conciliar meus horários para aproveitar todo e qualquer tempinho que surgisse em sua agenda. Daí o tempo que conseguíamos passar juntos era valioso. Mas, então, parece que ela apertou um interruptor, sei lá. Só sei que Sienna começou a abandonar tudo para ficar comigo o tempo todo. Chegou a largar de mão o jantar que preparava com a irmã às terças-feiras e não largava mais do meu pé. Todas as coisas que a tornavam interessante e quase inalcançável simplesmente desapareceram. Tentei segurar a onda, mas quando parou de fazer tudo, ela deixou de ser a garota que me atraía tanto e se tornou completamente dependente de mim para preencher seu tempo. A pressão foi muito grande e caí fora depois de três semanas.

Enzo
Berkeley, Califórnia

DEU CERTO COMIGO!

Passei muitos anos sem nada interessante rolando na minha vida, no trabalho, nos namoros e nas amizades. Não conseguia alcançar um estágio no qual todas essas coisas saíssem do "mais ou menos" e passassem a ser boas mesmo. Então agora estou aqui. Adoro meu trabalho e o realizo com uma enorme satisfação. Reduzi o grupo de amigos, mantendo o contato apenas com as pessoas que não me dão trabalho nem me causam problemas, que oferecem segurança e apoio. Tenho um cachorro que ocupa meu tempo e me adora. Além disso, mantenho os pequenos rituais que me deixam muito feliz como meu banho de espuma, minhas palavras cruzadas, matinês com as amigas no domingo ou ir trabalhar de bicicleta uma vez por semana. Quando comecei a namorar o Mitchell, fiquei meio relutante para abrir mão dessas coisinhas, pois não tinha sido fácil encontrar um equilíbrio perfeito em minha vida e as coisas estavam para lá de ótimas. Pela primeira vez em toda a minha existência eu não estava usando um relacionamento para fugir da minha vida. Mitchell, por sua vez, além de não querer mesmo que eu abandonasse minhas coisas, até gostava que eu tivesse minha própria vida, pois ele também tinha a dele e não estava a fim de abrir mão de nada. Que conceito! Como éramos muito apegados às nossas próprias coisinhas, não fomos logo caindo de cabeça, querendo passar o tempo todo grudados, e fomos construindo nossa relação aos poucos. Quando nós nos encontramos é porque estamos loucos de vontade de estar juntos, pois temos milhares de coisas para contar e porque nos demos a oportunidade de sentir falta um do outro (mesmo que só tenha sido um dia). É a melhor relação que já tive, porque meu namorado não é a minha vida, mas parte dela.

Gerilyn
Edmonton, Canadá

QUANDO EU ERA SOLTEIRA
AMIIRA

Gosto de estar sozinha; na verdade, adoro. Na minha época de solteira, era um luxo enorme conseguir organizar minha vida em função dos parâmetros básicos de trabalho, amizades e tempo livre. Embora eu não fosse de ir ao cinema ou jantar fora sozinha (não que eu tivesse medo de fazer isso, mas nunca pintou a vontade mesmo), eu estava sempre disposta a uma aventura pela cidade sem companhia e descobri que preferia estar só a ter planos. Que antissocial, né? Talvez sim ou talvez não... O barato de se ter coisas importantes para si e que não dependam nem da disponibilidade nem do interesse de outra pessoa é que você acaba conseguindo turbinar sua vida e ser feliz sem os outros. Na minha opinião, é uma façanha e tanto. Estou sempre muito atenta ao que me faz sentir bem, menos do que bem, poderosa e patética. Preencher meus dias com coisas, pessoas, eventos e passatempos de qualidade valorizou minha vida e meu tempo. Além disso, eu não precisava mais de um homem para tornar minha vida maravilhosa e achei vários deles muito complicados e distantes de minha realidade, o que definitivamente não era legal para a vida que eu já estava levando. Meu conselho para qualquer um que não goste da vida que está levando é: mude! Se não gosta do trabalho, procure outro que você goste. Se não gosta do guarda-roupa, seja criativa e dê uma melhorada nele. Se não gosta de seus amigos, da cor do seu apartamento, das coisas que coloca na geladeira, da forma com que vai ao trabalho, seja lá o que for – só depende de você fazer as melhorias e transformar tudo no que você gosta de verdade. Só quando você tiver uma vida bacana e conseguir mantê-la bacana é que vai encontrar um cara que faça valer a pena se afastar por umas horinhas de suas coisas.

REFLEXÕES DA CIDADE DOS CUECAS

Eu curto a caça. Sempre curti. Quanto mais desafiadora a presa, mais gratificante a caçada. Não tô nem aí para o fato de ser uma ideia antiquada. E acredito que isso seja verdade para a maioria dos caras. As vezes que eu disse isso às mulheres, elas sempre responderam: "Sabe, não quero passar uma imagem de uma garota má que não tem tempo para o cara de quem eu gosto." Você não tem que ser má. Tem um jeito muito legal de informar à pessoa que sua vida é importante para você. Quando faço uma retrospectiva, observo que todos os meus grandes amores eram mulheres calmas, seguras e que tinham objetivos. Elas me desafiavam. Lembro-me de que namorei uma pintora que, quando começava a trabalhar em uma tela, só me via depois que tinha concluído tudo. Às vezes levava semanas. Semanas! Quando eu dava sorte, ela me deixava ir vê-la no bar onde fazia bico preparando drinques e passava uns dez minutos me dando uns amassos dentro do armário de produtos de limpeza e depois mandava eu voltar pra casa. E ponto final, meu irmão. Mas eu era doidinho por ela. Então por que não deu certo com nenhuma das outras mulheres? Porque geralmente eu acabava me anulando ou aceitando na boa uns amassos de dez minutos por semana num armário de produtos de limpeza. Cara, para um relacionamento dar certo mesmo é preciso que haja o encontro de duas vidas muito valorizadas e interessantes que com o tempo se fundam sem que nenhuma das partes perca sua identidade. É muito bom quando a gente se apaixona por vocês, só que é melhor ainda quando a gente se apaixona pelas vidas que vocês levam também.

BISCOITINHO DA SORTE DOS RELACIONAMENTOS

Você é a arquiteta de sua própria vida, então construa uma que você adore viver... e aproveita para construir uma piscina e um closet desses que a gente entra.

O PIOR ENCONTRO DA HISTÓRIA ☹

Todo ano eu junto as amigas e vamos para Las Vegas passar um fim de semana juntas. Sei que vai parecer meio cafona, mas adoro um blackjack e um bom martíni. Não sou lá de muita ferveção; trabalho como técnica de laboratório em uma clínica de animais e estou fazendo faculdade de veterinária. Então já dá para imaginar que conto os dias para chegar este fim de semana com as minhas amigas e ano passado não foi diferente, pois meu pai tinha falecido e eu definitivamente precisava me distrair um pouco. Bem, uma semana e meia antes de nosso grande evento, conheci o Kurt, que levou seu cachorro, Cheech, para fazer um raio X lá na clínica. Ele era muito bonito. Fazia tempo que um homem não falava comigo do jeito que ele falou. Nos últimos anos, desde que eu me divorciei, tenho investido um tempo para mim mesma, sem namorar ninguém. Bem, mas o negócio é que fiquei de quatro por ele. Ele pegou meu telefone e nos falamos todas as noites. Cheguei até a me atrasar para o trabalho algumas vezes porque tinha ficado de papo com ele no telefone até de madrugada. Eu só pensava no Kurt. Finalmente, o bonitão me convidou para sair e aposto como você consegue adivinhar o dia que ele marcou. Exatamente, Greg! A data caía justamente no fim de semana da minha viagem para Las Vegas. Disse a ele que eu estava entre a cruz e a espada. Ele chegou a me dizer que podíamos deixar para quando eu voltasse da viagem. Liguei para minhas amigas e todas foram unânimes: "Ele não vai sumir, criatura!" Por isso que jamais entenderei por que fiz o que fiz...

Liguei para ele e disse que estava cancelando a viagem, na boa, para nós nos encontrarmos. Agora que você já tem uma ideia de tudo, vai entender como eu me senti uma idiota quando ele me disse, durante o jantar, que queria deixar claro que aquilo era só um encontro entre amigos. UM ENCONTRO ENTRE AMIGOS! PQP! Gente, eu tinha acabado de receber uma mensagem de texto de minha amiga dizendo que estava sentada pertinho da Britney no Palms – e ele quer ser amigo? Pior impossível, não é, Greg? Pode acreditar, aprendi bem a lição.

É só a p*@#a da sua felicidade!

* Está tudo aí só esperando você, amiga. *Museus, academias de ginástica, amizades, grupos beneficentes, viagens etc... Você só precisa colocar um pé na frente do outro. São essas coisas que lhe deixam atraente, que lhe dão histórias para contar durante os encontros e esta é a vida que lhe aguarda. É a vida que você tem de levar para conseguir estar numa relação campeã. Então, querida, comece a arriscar! Você não vai adorar tudo que experimentar, mas faça mesmo assim, pois nunca se sabe quem se matriculou naquelas aulas para aspirantes a pilotos de Fórmula 1.*

O original e mundialmente famoso
Livro de Exercícios das Campeãs

É hora de você ter uma vida – e caso já tenha uma, chegou a hora de preenchê-la ainda mais e dar uma turbinada! Viemos parar aqui neste planeta para explorá-lo e curtir muito, então vamos sair e fazer uma porção de coisas para que da próxima vez que um pretê lhe convidar pra fazer algo, você tenha que checar a agenda primeiro antes de topar. Mas sem mentirinhas.

Faça uma lista das coisas que você quer fazer e comece a marcá-las com regularidade para aproveitar ao máximo o que a vida lhe oferece enquanto você tem todo esse tempo só para si mesma. Vamos lhe dar algumas ideias para começar, mas cabe a você pensar em mais coisas. Depois é só colocar tudo em prática com regularidade.

Liste cinco coisas que você gostaria de fazer semanalmente

1. Aulas de ioga
2. As palavras cruzadas do jornal de domingo
3. Levar o cachorro para passear
4. ....
5. ....

Liste cinco coisas que você gostaria de fazer quinzenalmente

1. Ver um filme
2. Bater perna no shopping
3. Jantar com uma amiga
4. ....
5. ....

Liste cinco coisas que você gostaria de fazer mensalmente

1. Levar o carro ao lava-jato
2. Experimentar um novo restaurante
3. Fazer uma aula de tênis
4. ....
5. ....

4

PRINCÍPIO NÚMERO 3
pense linda e seja linda

Que mensagem você está enviando ao mundo?

Pois é, amiga, por acaso vivemos em um mundo muito visual. Pode falar: isso é por acaso mesmo, né? Na verdade não. Nascemos com olhos para que possamos ver o mundo ao nosso redor e as pessoas à nossa frente. Para alimentar o cérebro com imagens e informações para que ele tenha o que processar e, consequentemente, possamos formar opiniões e ideias sobre o que e quem vemos. Mas o que isso quer dizer no livro dos encontros amorosos? Bom que você tenha perguntado, pois já íamos mesmo conversar sobre isso, e é meio estranho, mas... é hora de pensar seriamente sobre o que você projeta no mundo. Todos nós temos áreas que não conseguimos enxergar e não necessariamente vemos a nós mesmos do jeito com que os outros nos veem, e nem sempre nos preocupamos com as coisas com as quais os outros se preocupam. Mas a verdade inegável é que a maneira com que você se apresenta – ou seja, a sua aparência, o seu visual, suas roupas, seu cheiro, sua atitude e seu comportamento – diz muita coisa para aqueles com quem você trava contato. Tudo bem, tudo bem, nós sabemos... não se deve julgar os outros pela aparência, mas pelo interior. Você está coberta de razão e também se recusa a enxergar como o mundo funciona.

Quer você goste ou não, os homens são criaturas estimuladas visualmente. Imagine só um cara vendo duas mulheres, uma delas toda nos trinques, sentido-se poderosa e a outra muito da mais ou menos. Você realmente acha que ele pensa que a menos arrumadinha deve ter uma ótima personalidade? NÃO! Ele acha que a poderosa deve ser interessante e que não vai se importar com a outra, pois ela mesma não está nem aí para a vida. Não é uma questão de beleza; é uma questão de mostrar para o mundo que você se cuida. Existem milhares de formas de se arrumar e se esforçar; nem todo o mundo tem de ser como a Agyness Deyn. E não ser como a Agyness Deyn não é desculpa para não se importar com a própria aparência.

A seguir, algumas coisinhas para manter em mente...

É LINDO SENTIR-SE LINDA

Se você se sente linda quando faz a sobrancelha e depila as pernas, então mãos à obra! Se com as pernas depiladas você se sente mais segura para usar saias com mais frequência, então depile-se! Talvez você não use uma maquiagenzinha porque toma um tempo de seu ritual matutino, mas quando coloca um rímel e um brilhosinho nos lábios você fica mais bonita e atraente, seu visual em geral ganha um tchan! Então, amiga, gaste mais cinco minutinhos e não vai precisar esperar ficar presa em um elevador durante um apagão para que alguém se interesse em lhe conhecer, né, não?

NÃO SE ESQUEÇA DE QUE VOCÊ É MULHER...

Os homens gostam quando você está sempre linda e cheirosa pois, do contrário, eles não conseguem se esquecer dos próprios problemas idiotas quando você aparece. Eles gostam de ver suas pernas, dar uma olhadinha em seu decote para ver o encontro dos seios, vê-la afastar o cabelo dos olhos e, acima de tudo, *eles gostam de saber que você sabe que é um ser sexual*. Para os homens, qualquer sinal de sexualidade ou sensualidade é tudo!

... MAS NÃO UMA VADIA

Os homens querem ver seu corpo, mas nem tudo! Sabe do que estamos falando? Há uma diferença entre se esforçar para se arrumar bem e se vestir *sexy demais*. Algumas roupas dizem para o cara: "Ei, não tem problema nenhum se você quiser me ligar às quatro da manhã" e outras dizem "Ah, meu querido, vai ter que suar a camisa para conseguir conquistar todo este espetáculo de mulher!".

ALERTA!

Colocar uma roupa muito sexy é um grande problema para muitas mulheres que estão tentando atrair alguém que queira namorá-las. Há uma linha tênue entre vestir-se de maneira provocante e vestir-se de maneira sexy demais. Quando você se veste muito sexy, atrai os caras que só querem transar e acham você perfeita para isso. Como saber se você está sexy demais? Bem, você está deixando à mostra todos os seus dotes físicos? Seu pai ficaria chocado com a quantidade de pele à mostra? Então é provável que você esteja sexy demais. A menos que você esteja no palco, apresentando-se no Grammy, em um show burlesco ou na Chorus Line de Las Vegas, você não precisa sair por aí mostrando o mapa do Oiapoque ao Chuí. Sugerimos que você escolha uma partezinha sexy para mostrar, em vez de colocar tudo na vitrine. Sabia que você fica muito mais sexy quando o cara tem de imaginar o que será que está sob suas roupas? Se ele consegue ver, não precisa imaginar, ou seja, ele não tem nem a oportunidade de pensar em você.

NÃO É SÓ O SEU CORPO

Dê uma boa analisada em sua vida. O que o estado do seu carro diz a seu respeito? Ele está limpo e organizado ou dá para escrever o nome na poeira e ganhar uns trocados no centro de reciclagem com a tralha que está no banco traseiro? Como está sua casa? Entulhada, bagunçada e fedendo a resto de comida para viagem ou está limpa, organizada, convidativa? Como está sua mesa de trabalho no escritório? Pedimos que você dê uma olhada nessas coisas e faça uma avaliação honesta de como tudo está — sua aparência, sua casa, seu carro, seu espaço de trabalho — porque todas essas coisas refletem como é sua vida, como você se define e se você gosta e valoriza a si mesma. A opinião que as pessoas têm a seu respeito depende dessas coisas, mesmo quando você projeta uma imagem distorcida da realidade. Se o bofe dos seus sonhos entrasse em seu apartamento, ficaria surpreso com as pilhas de tralhas em tudo quanto é canto e as 75 fotos emolduradas de seu ex-namorado? Será que o solteiro gostosão e disponível ficaria excitado com sua coleção de ursinhos de pelúcia e lençóis rosinha? Será que o gostosão, seu sonho de consumo, acharia uma delícia ficar agarradinho com você no sofá coberto com pelos de gato? Como você se sentiria se tivesse um ótimo encontro amoroso, e então ele entrasse em sua casa, desse uma olhada e decidisse que não gostava de seu estilo de vida? Todo sofá conta uma história. O que o seu sofá está dizendo? E aí, o que será que você poderia melhorar? O que você está precisando mudar ou trabalhar?

Este é um capítulo bem difícil de se escrever porque ninguém quer contar a outro ser humano suas próprias fraquezas. E não é esta a mensagem deste capítulo porque estamos convencidos de que você é boa, mas se está lendo este livro é porque anda tendo dificuldade em encontrar o cara certo que corresponda ao sentimento.

É muito difícil mesmo encontrar a cara-metade neste mundo, então vamos mudar o jogo para que você projete a mensagem "eu posso ser a garota certa para você", ao invés de "não repare em mim" ou mesmo a tendência popular do "te dou facim facim, *baby*". Sabemos que você é inteligente, engraçada, bacana, leal, bem-sucedida, compassiva, boa de cama e todas as outras coisas que devemos ser e, sim, isso já deve bastar para encontrar o cara certo. E concordamos que, em um mundo perfeito, todas nós temos visão de raio laser ou escaneres oculares que nos permitam ver o interior do coração do outro, sua alma, sua mente, e assim poderemos encontrar nosso bofe, mas enquanto não aperfeiçoam essa tecnologia, você vai ter que fazer uma forcinha à moda antiga. Imagine se o cara certo para você não consiga lhe encontrar entre a enxurrada de mulheres que não tentam se destacar para ele? E aí?

A imagem que você projeta é importante. Pense bem... Você já viu algum filme do James Bond em que ele arraste um chinelinho vagabundo?

MAS GREG, TENHO ALGUMAS DÚVIDAS

e se a imagem que estou projetando atrair os caras errados?

Querido Greg,

Depois que terminei meu último relacionamento, fiz um balanço da minha vida e percebi que não sabia escolher o cara certo e precisava dar uma melhorada em algumas coisinhas em mim mesma. Então passei a malhar, arrumei um novo apartamento e comecei a fazer terapia. Meu ex-namorado costumava reclamar que eu não era sensual e, pensando bem, tenho que concordar. Eu estava acima do peso e era meio brega ao me vestir, mas agora estou mais magra e comecei a usar roupas mais sensuais. Até fiz umas luzes no cabelo. Definitivamente sinto-me maravilhosamente bem com essa transformação, só que agora, quando vou a boates, bares e lugares desse tipo sempre atraio os caras que só querem transar comigo. O que fazer, Greg?

Portia
Estocolmo, Suécia

Querida Loura Fatal,

Primeiro, espero que você perceba que estou segurando um cartaz que diz: "Portia Arrebenta!" Meus parabéns pela forma com que você reagiu ao término de seu último relacionamento. É muito bacana saber que alguém admite sua responsabilidade quando uma relação acaba. Sim, ele era o cara errado, mas adoro saber que você tenha se interessado no que poderia fazer melhor. Agora é só ir aperfeiçoando. Bem, já que eu não tenho a mínima ideia de sua aparência física ou de como você se veste, vou só dizer o seguinte: uma coisa é ser sensual como Eva Mendes, Gwen Stefani, Beyoncé, Sophia Loren, outra bem diferente é estar sempre pronta para gravar um filme pornô. Sou completamente a favor da liberdade de cada um em se vestir, mas tente descobrir o que você está projetando. Se você só quer transar, então prepare-se para detonar. Mas se não é isso o que você quer, e creio que não seja, então pergunte a uma amiga: "Esse vestido está curto demais?" ou "Este decote está muito vulgar?". Consulte as revistas e descubra visuais que você gosta e tente copiá-los. Você tem todo direito de dizer aos homens: "Aí, se quiser ver mais, terá de suar a camisa. Esse é o trailer do filme que estreia daqui a um mês."

e se eu não for bonita?

Querido Greg,

Não sou nenhuma Angelina Jolie. Se eu me produzir toda: roupa, cabelo, maquiagem, até que fico legal, mas assim que tiro a "fantasia" revelo quem sou de verdade: feia e sem graça. Então por que devo fingir ser alguém que não sou... ou seja, bonita? Pelo menos assim os homens sabem o que estão levando para casa e não se decepcionam mais tarde.

Danica
Perth, Austrália

Querida Mascarada,

Faça o que achar certo, mas acho errado a maneira com que você se vê. Acho que mesmo com maquiagem, você não deve ser uma companhia muito divertida. Todos parecemos diferentes sem gel no cabelo, sem aquela calça bacana, maquiagem ou o que seja. Todo mundo sabe que você não é tão linda ao sair do banho quanto ao chegar a uma festa, toda empetecada, mas não é a isso que as pessoas reagem. Os caras não se apaixonam pelo seu delineador nem o convidam para sair; eles só o percebem porque você está usando. Seu comportamento sedutor (leia-se: não arrogante) é o que faz com que gostem de você.

e se o meu estilo for um desastre?

Querido Greg,
Sei muito bem que devo caprichar no visual. Só que detesto fazer compras e meu senso de estilo é uma droga. Sério, mesmo que eu tivesse todo o dinheiro do mundo, eu só compraria jeans e moletom. Onde moro, um abrigo de frio é tão "in" quanto qualquer outra coisa. Tenho um corpo legal, mas não sou muito feminina e fico perdidinha nas lojas de departamento. Isso me deprime porque sei a importância da aparência e da apresentação pessoal, mas sou um zero à esquerda nessa área.

Kendra
Seattle, Washington

Querida Grunge de Seattle,

Garota, queria poder ajudá-la, mas não posso porque não moro perto de você — mas você sabe quem mora? Zilhões de pessoas que trabalham em lojas de departamento e outros estabelecimentos similares cujo único propósito é ajudá-la a encontrar algo para usar. Tem gente nos salões de beleza, academias, escolas de ioga e estandes de maquiagem cujas vidas são dedicadas a fazê-la parecer e sentir-se melhor. Então peça ajuda a quem pode ajudá-la. Talvez você tenha uma amiga muito estilosa que adoraria arrasar no shopping com você. Faça uma pesquisa, folheie uma dessas revistas de moda ou música e recorte os figurinos que tenha a ver com você. Mesmo que você não seja muito feminina há uma coisa chamada *tomboy chic*. Alguém conhece Avril Lavigne? Vai fundo, querida.

e se a minha cadeira de rodas ofuscar a imagem que tento passar?

Querido Greg,

Aí, sabichão. Tenho uma pergunta para você. Sou paralítica da cintura para baixo então, obviamente, uso cadeira de rodas. Sou uma pessoa muito otimista, bem divertida e descolada, mas convenhamos: definitivamente estou em desvantagem nessa parada de visual por causa da minha situação. Pra começo de conversa é difícil ficar animada para sair quando você nem sequer é considerada como uma opção. O que uma garota como eu deve fazer?

Violet
Baltimore, Maryland

Querida Rodas de Aço,

Te dou o mesmo conselho que daria a qualquer pessoa. Qual é o seu lado mais bacana? O que te deixa mais linda? Qual a cadeira mais maneira que você poderia ter? Tem muito tempo que não muda o cabelo? Não sei como é sua vida, mas imagino que você tenha que ralar um bocado pra conseguir tudo e, sem dúvida, namorar não seria exceção. Em minhas viagens conheci e vi muitas mulheres atraentes em cadeira de rodas, então sei que é possível que isso aconteça. E outra coisa: tudo isso é moleza. O mais difícil você já conseguiu: manter-se otimista e positiva.

DO OUTRO LADO DA CERCA
e se a garota dos meus sonhos for linda, mas bagunceira?

Caro Greg,

Cara, tô saindo com uma gata há duas semanas. Maior filezinho. Modelo de revista, cara. Só que tem um lance nela que me brocha. As primeiras vezes em que a gente saiu, eu que dirigi, mas na sexta-feira passada foi ela que me convidou, daí fomos no carro dela. Greg, imagina um chiqueiro sobre rodas, se ligou? Sério mesmo. Nunca vi tanta porcalhada num carro, meu irmão – parece até que a mulher é uma sem-teto e não tô dizendo isso pra sacanear, não. Cheguei até a perguntar se ela realmente tinha onde morar. Daí comecei a perceber umas outras paradas, tipo, ela vestiu a mesma saia três dias seguidos, mesmo depois que apareceu uma manchinha. Olha só, cara, não sou nenhum pentelho com limpeza e organização, mas tenha dó, outro dia eu tirei chiclete do cabelo dela! O problema é que ela é superdivertida e estou me apaixonando, mas tenho medo de querer sair correndo quando eu for ao apartamento dela. Tô precisando de uns conselhos, meu *brother*.

Travis
Nome, Alasca

Caro Catador de Chiclete,

Putz, eu te entendo muito bem, irmãozinho. Passei pela mesma fria com uma gata que namorei logo depois que terminei a faculdade. Sua intuição sobre o apartamento dela pode estar certa. O carro é um sinal de como deve ser o apê, e também como é a cabeça dela. Posso lhe dizer duas coisas: não tente ignorar esse negócio na esperança de que vai passar; e ninguém consegue mudar ninguém – a pessoa só muda quando quer. Como você é um cara do bem, sua primeira reação é de querer correr lá e salvar essa linda "desastre ambulante", só que não vai conseguir. O melhor a ser feito, e sei que será duro, é dizer para ela que você acha o carro uma zona. Você pode se oferecer para ajudá-la na limpeza. Mas se você estiver mesmo se apegando a ela, diga-lhe que essa parada lhe incomoda e que você não está aguentando. Talvez seja a chacoalhada de que ela esteja precisando para acordar e tomar vergonha na cara.

O CARA QUE PISOU NA BOLA E A GAROTA QUE MANDOU BEM

Sou amigo da Jules há cinco anos e meio. Ela é minha melhor amiga, quase uma irmã pra mim; estamos sempre juntos. Vamos a boates, shows de rock, cinema e o cacete. E ela me dá uma força com a mulherada, ajudando a escolher e dizendo para elas que sou um cara bacana. Coisa de três semanas atrás, a gente saiu e ela conheceu um cara, se apaixonou e, quando vi, a garota tinha mudado completamente o visual. Em cinco anos e lá vai fumaça eu nunca tinha visto aquela criatura usando vestido e salto alto. Ela agora anda toda patricinha, com roupas de marca, maquiagem, de cabelo solto e toda GOSTOSA! Gostosa mesmo. Parece outra pessoa. Agora gosto dela de um jeito diferente e tô com ciúmes por ela estar se embelezando toda para outro cara e não para mim. Eu jamais pensei na possibilidade de namorar a Jules, mas agora não consigo pensar em outra coisa. Ela já é minha melhor amiga, então não se pode nem dizer que eu só tô interessado no visual. É que eu a vejo de uma maneira tão diferente agora que meus sentimentos por ela também mudaram. Acho que estou apaixonado por minha melhor amiga e ela está toda gostosa pra outro.

Joey
Glendale, Arizona

DEU CERTO COMIGO!

Anda, pode dizer: "eu não te disse?", porque você tinha razão. O visual é importante. Taí, já disse. Eu era uma dessas garotas que se acham maneiras demais para se preocupar com o visual; eu queria provar que o mundo estava errado, recusando-me a tentar ficar bonita para conseguir conquistar o cara. Vivi assim, colocando esta ideia brilhante em prática por alguns anos e passei por milhares de decepções quando os caras por quem eu me apaixonava só gostavam de mim como amiga. Daí decidi fazer uma pequena experiência e mudar uma coisinha no visual. Então, no lugar do jeans mais folgadinho e uma camiseta larguinha, passei a vestir uma regata (sem ser colada ao corpo!). Comecei a passar um brilho nos lábios. Quase que de imediato, os caras começaram a reagir de forma diferente. Então comecei a usar um jeans mais justinho com meus tops mais charmosos, decidi passar um rímel e um delineador. Os caras que nem olhavam para mim passaram a me convidar para um cafezinho, na maior azaração.

E agora, além de gostar do meu visual e da sensação causada pelo fato de estar mais bonita, eu continuo a mesma pessoa. Não precisei mudar radicalmente quem sou nem me tornar uma vadia para chamar atenção de nenhum cara. Só acho que estou mais bonita, sem deixar de ser eu mesma; e só levo alguns minutos para adicionar mais umas coisinhas aqui, outras ali, e ficar bem e me sentir bem. Sinceramente, eu não achava que um brilho labial e umas roupinhas um pouco menos largas fariam lá muita diferença, mas eu me enganei, porque agora eu me sinto diferente, as pessoas me veem de forma diferente e, no geral, estou mais feliz agora.

Mallory
Puerto Vallarta, México

QUANDO EU ERA SOLTEIRA
AMIIRA

Eu esbarrei com Greg Behrendt três vezes antes de notá-lo ou lembrar dele, embora ele sempre lembrasse de mim. A primeira vez foi numa festa, em que eu estava toda gatinha, nos trinques; a segunda vez foi em uma convenção musical de que participei a trabalho, daí eu estava toda concentrada no jazz; mas a terceira vez que eu esbarrei com o Greg foi num cabeleireiro às dez horas da manhã durante a semana. Sabe como é, né, amiga? Quando vamos ao salão numa manhã durante a semana, raramente tomamos banho antes, já que vão lavar nosso cabelo mesmo. Além disso, quase nunca nos preocupamos com o visual, já que quando chegamos lá nos enfiamos num roupão ou num avental.

Então ali estava eu, rodando pelo salão num dia de folga, sem tomar banho e toda distraída, pois eu não ia me encontrar com nenhum conhecido mesmo – era dia de semana, certo? Nada, menina. Cinco minutos depois que cheguei, notei que alguém estava me olhando. Levantei a cabeça e vi Greg Behrendt sorrindo e dizendo: "Eu conheço você." Eu não o reconheci (mais uma vez), daí ele explicou que eu tinha ido a uma festa na casa dele com um amigo em comum e que nós nos esbarramos de novo em Seattle no festival Bumbershoot. Então trocamos amabilidades e ficamos de papo; eu só pensando que ele era superdivertido e tinha um ótimo papo. Bem, como nós dois fomos fazer luzes no cabelo, passamos horas no salão. Algumas vezes nos sentamos um ao lado do outro, sob os secadores enquanto a cor fixava, outras horas nos separamos pela distância entre as bancadas de nossos respectivos cabeleireiros. Agora tente só imaginar sua amiga aqui (não que o Greg estivesse muito diferente ou melhor): meu cabelo estava separado em duas partes e enrolado em papel-alumínio, tudo embrulhado em uma touca de banho com bolas de algodão enroladas e colocadas ao longo da minha testa e eu ali, dentro de um avental preto de náilon que ia até o joelho. Ou seja, basicamente meu lado "gostosona" tinha cantado pra subir e eu estava enfrentando alguns enormes obstáculos estéticos. Mas, como eu só coloco o pé fora de casa me sentindo pelo menos bonitinha (claro, né? Quem quer sair pelo mundo já perdendo desde a escada da frente?), eu tinha passado um pouco de rímel e um brilhosinho nos lábios e da cintura para baixo minha roupa tinha certa personalidade. Então, nem tudo estava perdido, pois os pequenos preparativos antes de sair de casa me deixaram um pouco segura, o que não aconteceria numa situação como essa, combinada com uma dose cavalar de conversa e de um tempo "para se conhecer melhor". E apesar do meu estado, com o cabelo enrolado em papel-alumínio, sentada embaixo de um secador, ele me convidou para assistir à sua apresentação naquela noite.

REFLEXÕES DA CIDADE DOS CUECAS

Não sou um cara bonito. Meu rosto é comprido, não tenho um queixo bacana, meu nariz é grande, um dos meus olhos é caído e um cabelo mais ou menos, louro, que fica "bacana" em uma direção. Meus quadris são mais largos que meus ombros, tenho mãos pequenas e delicadas e sou branco feito cera. Ah, e fico um horror de chapéu, capacete, tiara, listras verticais, botas de caubói e golas mais largas. E não trocaria de lugar com ninguém. Eu me amo. Sou o meu próprio desafio pessoal. Meu trabalho enquanto eu estiver neste planeta é pegar este corpo, esta mente e esta alma e dar-lhes a forma de um ser humano útil. Então, cuido muito de mim mesmo. Considero meus pontos fracos como pontos fortes e venho todo esse tempo aperfeiçoando-os. Como eu não era o cara mais bonito, sempre tentei ser o mais divertido e engraçado. Como eu não tinha o corpo mais atraente, sempre tentei me vestir melhor do que todos. Em essência, consegui. A ficha caiu muito cedo. Como a maioria das pessoas, tenho que fazer um trabalho em mim mesmo e, como fiz, as pessoas perceberam.

Todo cara percebe as mulheres. Percebemos seu visual, o que você usa, quando você está rindo, percebemos quando você se cuida. Percebemos quando você investe um tempo caprichando no visú e adoramos quando você faz isso. Quando acontece o contrário, quando você não se esforça para dar um tchan na aparência, então geralmente não lhe percebemos. É simples assim.

BISCOITINHO DA SORTE DOS RELACIONAMENTOS

Não é preciso ser bonita para ser atraente.

UM DOS PIORES ENCONTROS DA VIDA DE GREG

Quando eu me mudei para São Francisco depois que me formei, conheci uma gata que morava na minha rua. Ela era roteirista de teatro e garçonete. Eu a convidei para tomar a última xícara de café da noite. Ela topou e então perguntei se podia pegá-la em casa. Cheguei na hora que ela me pediu – às 21:00 – e ela atendeu à porta com um roupão dizendo que tinha acabado de acordar de um cochilo. Ela me convidou para entrar e disse que não ia demorar. O apartamento estava uma zona – e a zona aqui não era a que uma jovem boêmia ocupada faz. Refiro-me a uma zona dos infernos mesmo. Tipo: "Que diabos é aquilo ali dentro daquele pote? Globos oculares?" e "Que cheiro é esse?" "Isso morde?". Sem brincadeira, ela foi pelo corredor de roupão e pegou a calcinha que estava no chão perto de um prato sujo e a vestiu. Isso tudo antes de nós nos apresentarmos decentemente.

Cara, eu não esperava que toda mulher que saísse comigo tivesse os mesmíssimos conceitos e ideias sobre higiene pessoal. Naquela época, eu nem era tão neurótico com limpeza, mas aquilo era demais para se esperar que um estranho encarasse na boa. Eu não estava pronto para dar aquela espiada no mundo dela. Eu a julguei baseando-me naquilo que vi ali, sabe por quê? Porque a maioria das pessoas que conheço que vivem desse jeito são tristes e bagunceiras. Para mim, aquilo serviu de alerta. O simples fato de eu achar que ela havia se esquecido do nosso encontro fez com que aquela fosse a primeira e única vez que saímos. Onde quer que ela esteja agora, espero que pelo menos tenha alguma calcinha limpa.

Faz uma forcinha, cacete!

* Olha só, não tem nem como questionar a importância de se arrumar e ficar bonita, independente do que lhe deixa bonita. Sim, é preciso um esforçozinho, mas é assim mesmo com praticamente tudo que vale a pena nesta vida. Além disso, quando está bonitona, você se sente bem e atrai coisas boas. Mais importante ainda, quando você acha que vale a pena se esforçar para si mesma e se esforça, os outros também acham isso. Experimente seguir nosso conselho e veja se não concorda. Existe aí dentro de você um lado maravilhoso que gostaríamos de ver tendo um encontro com o maior gato. Você chegará ao final do dia muito orgulhosa — independente de ter um encontro ou não — e tranquila, daí verá que não foi uma perda de tempo.

O original e mundialmente famoso
Livro de Exercícios das Campeãs

Você já ouviu alguma amiga dizer: "Estou fazendo de tudo, mas não encontro ninguém", e quando olhou sacou que ela não estava fazendo de tudo? Talvez a pessoa estivesse gordinha, talvez não fosse boa ouvinte, tivesse mau hálito e fosse mal-educada. Em essência, você sabe qual é o problema dela e se tivesse coragem diria na cara, mas você não quer magoar nem aborrecer ninguém. Todo mundo já passou por isso. Agora estamos pedindo que você vire o espelho para si mesma e seja honesta... será que você está precisando de uma pastilhinha de menta?

1. Você investe o tempo que deveria no visual?

2. Sua imagem como um todo está passando a mensagem: "Vale a pena me conhecer"?

3. O que você pode melhorar para se tornar mais interessante para quem você quer atrair?

4. O que você precisa trabalhar ou mudar?

Depois que tiver respondido a essas perguntas com toda sinceridade, você conseguirá ver onde precisa dar uma melhorada para aumentar as chances de atrair aquele gato que está em algum lugar por aí, à sua procura. Então, mãos à obra, amiga! Depile as pernas, faça a sobrancelha, suba num salto e faça com que sua presença seja notada!

5

PRINCÍPIO NÚMERO 4
não aceite menos que um encontro amoroso sério

Pare de se desvalorizar!

Existem encontros... e existem coisas que parecem encontros, paradas que dão a impressão de serem encontros e chegam a ter elementos de encontros, mas **NÃO SÃO** encontros. Sabemos que você está por dentro do que estamos falando, porque é isso que você e suas amigas estão aceitando e tentando (sem sucesso) para conseguir um relacionamento. Então, amiga, a menos que você esteja se colocando na vitrine de um brechó, a partir de agora você não vai mais aceitar "saidinhas", quase encontros, encontros meia-boca ou o encontro que podia ter sido sério. (Incluindo as saídas com "ficantes", os amassos depois de encher a cara, encontros de grupinhos ou papinhos de uma noite inteira em uma festa ou num bar.) E aí você pergunta: por quê? Bem, há várias razões, então vamos lhe dar algumas: porque um encontro amoroso sério significa uma intenção clara para ambas as partes, pois um encontro infere que você tem uma vida cheia e excitante que precisa de agendamento para encaixar alguém novo, e que tal a melhor razão de todas: **É só uma p*@#a de encontro** e você merece que alguém a convide para um! Com toda sinceridade, se um cara não se sente motivado o bastante para lhe convidar para sair e você lhe deu a oportunidade e o empurrãozinho para fazer isso, ele não merece desfrutar de sua companhia. É simples assim.

Sabemos muito bem que é muito mais provável que a maioria de vocês sejam convidadas para "um lance", para "ficar". O tal do quase encontro é muito popular entre os caras, por motivos óbvios. O "ficar" não exige nenhum tipo de plano e é um convite mais nebuloso, menos claro. Mas quando se "fica" com alguém, não se sabe se aquilo é um encontro amoroso e além disso, é claro, existe a possibilidade de você ter que rachar a conta em algum pé-sujo. Os quase encontros podem envolver outras pessoas e geralmente rolam na casa de alguma delas, onde há um quarto dando sopa e você sabe o que isso quer dizer. Na verdade não sabe, porque quando esses encontros fajutos acabam num rala e rola, você fica sem saber onde está pisando. Será que vocês agora estão namorando porque transaram? Ou será que agora você é a garota que abre as pernas sem que ele tenha que se dar ao trabalho de conhecê-la melhor? Ah, já chega! Vamos parando com isso!

Não estamos sugerindo que você pare de viver sua vida espontaneamente nem que corte as abordagens dos gatinhos fofinhos, mas você é quem decide que tipo de mulher quer ser. A chave para encontrar um ótimo relacionamento é parar de aceitar qualquer porcaria. Você é quem estabelece o valor do seu tempo e de sua companhia – ninguém mais – e ao participar de alguma coisa que seja menos do que um encontro sério, você estabelece um valor baixo. Quanto mais tempo você passar se desvalorizando, mais os outros farão o mesmo. Aqui vai o segredo mais óbvio do qual você deve se lembrar todos os dias: os caras se amarram em "ficar", "se encontrar" e "dar uns amassos", PORÉM eles dão mais valor quando têm de fazer por merecer. É da natureza deles. Gente, isso faz parte da natureza humana!

Ao participar desta epidemia cretina de casais "ficantes", você está reafirmando que a falta de esforço não lhe incomoda; que o cara que não toma a iniciativa, não coloca o dele na reta, e não trata você com decência será muito bem recompensado. Quando se oferece recompensa frequentemente por esforços mínimos, com o tempo, o negócio acaba exatamente no estado de coisas em que nos encontramos hoje: uma zona. As mulheres são tão responsáveis quanto os homens por essa história de "ficar" e já é hora de você exigir mais de si mesma e dos homens que você escolhe. É por isso que dizemos: não aceite menos que um encontro amoroso sério e pare de se desvalorizar.

Entretanto, realistas que somos, sabemos que um convitezinho casual para "se encontrar" ou participar de um evento é a maneira mais segura para um cara avaliar seu interesse por ele. Portanto, não vamos ser tão duros a ponto de dizer que em hipótese nenhuma você deva sair ou aceitar um convite para um evento se você ESTIVER interessada em alguém. Mas garantimos que existe uma estratégia para fazer a coisa certa. Você deve estabelecer limites, ser bem clara que não se trata de um encontro amoroso e planejar uma estratégia de saída. O que queremos dizer com "estabelecer limites" é:

DEIXE CLARO que o tal encontrozinho de meia-tigela não vai virar moda. O fato de você topar uma vez já é o suficiente para sinalizar seu interesse; a próxima vez ele terá de lhe convidar para um encontro oficial sério.

NADA DE RALA E ROLA. Não é moralismo barato, mas se o cara ganhar o prêmio facilmente, ele não vai se esforçar. Seu clube é exclusivo, minha querida, e ninguém descola o título de sócio assim molinho não.

SAIA CEDO. A saidinha para "ficar" é como o trailer de um filme. É uma prévia de tudo que eles conseguiriam se pagassem o preço do título do clube, que é: convidá-la para um encontro amoroso sério.

Exemplo: João lhe diz que a galera vai se encontrar no Esquilo's para beber umazinhas e assistir a uma partida de futebol e que você deveria dar uma passada por lá.

Laura, com baixa autoestima, toma umas cervejinhas, fica toda ligada, assiste ao jogo e depois sai com ele para comer alguma coisa; daí os dois vão para o apartamento dele para uns amassos e/ou um rala e rola encachaçado.

Estela, entretanto, que é uma super megacampeã, dá uma passadinha no tal jogo, antes de ir a algum outro lugar que já estava em seus planos antes do convite do João, assiste ao jogo com ele e a galera, toma uma cervejinha. Então, quando o jogo acaba, ela se despede para retomar seus outros planos (e à sua vida bem ocupada). Quando João lhe pergunta se ela não está a fim de comer alguma coisa, Estela dá um sorriso charmoso e diz que naquela noite não vai dar, mas que se ele quiser convidá-la para jantar em outra ocasião, ela vai adorar. Então lhe dá um abraço ou um beijinho no rosto, se despede dos amigos dele e sai, toda elegante em cima dos saltos, com todos os olhos voltados para ela.

Depois desse tipo de estratégia de saída, as chances dessa poderosa receber um convite sério para sair são muito maiores do que se ela tivesse acordado na casa dele, com uma baita ressaca, tentando encontrar os sapatos. Amiga, se você quiser simplesmente transar casualmente ou ser a galinhona depois que encheu a cara de cachaça, então, querida, essa história de "ficar" e "dar uns amassos" já está de bom tamanho para você. Mas, então, por que está lendo este livro? A-há! Peguei!

O objetivo deste livro é redefinir a maneira como você sai com os caras, caso esteja buscando um relacionamento sério. São raros os casais que transformam um "encontrozinho" em um casamento de cinquenta anos. Comum é o casal que transforma o "encontrozinho" em um relacionamento de seis meses que se acaba porque um deles se toca de que nunca esteve envolvido de verdade. Esse é o resultado mais comum do relacionamento que começou a partir de qualquer outra coisa, exceto de uma intenção verdadeira – a pessoa percebe que nunca esteve envolvida.

Sejamos honestas com relação a esses relacionamentos não sérios... as mulheres geralmente acham que se toparem qualquer coisa menos que um encontro bacana, a parada acabará ficando séria lá na frente. Por outro lado, quando as mulheres topam qualquer coisa, os caras veem a oportunidade como um atalho para o sexo sem a responsabilidade de um relacionamento sério. Entende a diferença? Então, quando esses relacionamentos – construídos sobre uma base desequilibrada de esperança para ela e sexo para ele – se desmoronam, quem sempre acaba sofrendo é quem tinha esperanças.

É por isso que o quarto princípio superextraordinário para um encontro ultracampeão é: Não aceite menos que um encontro amoroso sério caso deseje um relacionamento sério. Ou seja, vamos parar com essa história de "ficar" e de topar encontrozinhos meia-boca. Seja firme e continue lendo, pois vamos lhe mostrar como fazer com que os caras lhe convidem para sair e como mudar a forma com que você se encontra com eles. Afinal, é só uma p*@#a de um encontro e você merece que alguém lhe convide para um.

MAS GREG, TENHO ALGUMAS DÚVIDAS

e se os encontros forem pura pressão?

Querido Greg,

Que mal tem em "ficar"? Por que a coisa tem de ser tão oficial? A "Era da Inocência" já ficou para trás há séculos, né? Que chato ter de se casar comigo para ver a cor da minha calcinha! Sair sem compromisso é a maneira mais fácil de se conhecer alguém porque não tem pressão. Gente, encontrar-se com um gato não precisa ser igual a ir a uma entrevista de emprego!

Amanda
Marina Del Rey, Califórnia

Cara Entrevistada,

Se o que você busca é só uma saidinha e diversão na veia, então relaxe pois nada precisa ser oficial. Caso contrário, melhor se perguntar por que você não quer definir as coisas. Além do mais, que tipo de cara não aguenta a pressão de um encontro? Tadinho, quer que eu faça uma compressa de gelo pra ele? A maioria das mulheres acha que os caras vão se assustar se pedirem que eles definam o que pretendem. Mas fique ligada, porque se começar a definir o que você quer baseando-se no medo de que alguém vá se assustar ou se você tentar ser algo que não é só para dar uma forcinha a um cara que não consegue tomar a iniciativa, estará usando uma estratégia equivocada e desonesta. Olha só, faz sentido não se programar em função de uma pessoa que você acabou de conhecer, mas é furada não definir o que você quer ou deixar de se valorizar. Se você deixar correr solto, os homens não vão se definir mesmo. Você é que sabe.

e se ele for tímido demais para me covidar?

Querido Greg,
No meu grupo de amigos tem um cara que sai direto com a gente e de quem eu gosto pra caramba. Os amigos dele me contaram que ele também gosta de mim, mas que é muito tímido e nunca convida as garotas para um encontro; ele vai curtindo a companhia dela até que a garota tome a iniciativa, então começam a namorar. Todos os relacionamentos que ele teve começaram assim, então o que fazer para que o cara tímido convide você pra sair se o máximo que ele consegue fazer é perguntar: "Posso sentar aqui?"

Hannah
Dublin, Irlanda

Cara Queridinha dos Tímidos,

Ai, meu Deus do céu! A velha história do homem tímido. As regras não são diferentes pra ele. Se o cara consegue se relacionar e ter amigos, sem dúvida consegue te convidar pra sair. Da próxima vez em que ele chegar junto de você numa festa de amigos e fizer a pergunta mágica "Posso sentar aqui?", diga a ele "Ah, tô guardando esta cadeira para o cara que vai me convidar pra sair esta noite. É você?". Se ele não conseguir pelo menos fazer que sim com a cabeça, então melhor se perguntar se ele é realmente o tipo de cara com quem você se imagina tendo um relacionamento.

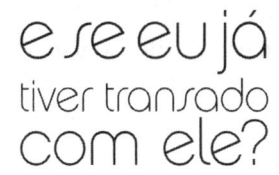

e se eu já tiver transado com ele?

Querido Greg,

Fui a um churrasco de um amigo e conheci um cara supergatinho que não é o tipo pra namorar. Paqueramos o tempo todo e acabamos transando. Nas primeiras vezes, foi só um lance sexual, mas agora que o conheço melhor queria que fosse um namoro pra valer. Mandei umas indiretas sobre a gente sair para alguns encontros, mas ele nunca me convida, e só se oferece pra trazer a pizza. Já está claro que a gente se entende muito bem e ele sabe que o sexo é bom, mas então por que ele não me convida pra sair? Será que estraguei tudo?

Elle
Melbourne, Austrália

Querida Rainha do Churrasco,

No começo nunca sabemos o que sentiremos com relação a uma nova pessoa, mas sabemos muito bem a diferença entre a possibilidade de querer um relacionamento sério *versus* a possibilidade de querermos um rala e rola. Mas com certeza você pode mudar de opinião uma vez que conheça melhor a pessoa. No entanto, ao mandar ver no primeiro dia e definir as coisas como apenas um transa casual, você limita a percepção que ele tem de você. Os caras tendem a separar tudo em categorias, de forma que a gata do rala e rola é bem diferente da gata para namorar. O único jeito de mudar isso é recolocar-se como algo mais do que simplesmente a gata do rala e rola. Da próxima vez que ele telefonar, diga que não vai dar pra comer aquela pizzazinha à noite, mas que se ele quiser levá-la para tomar um café da manhã fora, você encontrará uma brechinha no domingo. Se você não fizer alguma coisa, ele continuará te vendo como "a gata que dá". Ou seja, você precisa colocar um ponto final no sexo casual, o que geralmente causa transtornos numa relação pautada exclusivamente pelo sexo. É bem difícil parar de "dar" e sair de mãos dadas, pois depois que já se comeu a sobremesa, o café da manhã não parece tão apetitoso.

e se você não fez outra coisa na faculdade além de "ficar"?

Querido Greg,

Na faculdade não tem essa coisa de "encontro" pra valer, é um processo mais informal. As pessoas vivem em grupos nos alojamentos, formam casaizinhos, "ficam" nas festas dos grêmios estudantis e geralmente fazem de tudo menos namorar. Todos os meus relacionamentos anteriores começaram assim e é bem difícil entrar no clima de sair a dois. Isso parece tão ultrapassado se comparado com o que tem dado certo comigo, com o que estou acostumada e com o que na verdade acontece no mundo dos relacionamentos. Por que um encontro romântico é tão importante e como passar para esse lance de namoro, e, pior ainda, como fazer os caras entrarem nessa também?

Kila
Cambridge, Massachusetts

Querida Eterna Universitária,

Entendo muito bem como é, pois também fiz faculdade. Mas o mundo pós-faculdade requer que você faça alguns ajustes em seu estilo de vida. Na faculdade, você vai a chopadas nos grêmios estudantis e vai às aulas de pijama, mas seu chefe provavelmente não vai te achar uma garota interessante se você for de pijama para o trabalho ou aparecer na festa do escritório com um barril de chope pendurado no ombro. Você se adapta ao ambiente e às circunstâncias de forma a arrasar, e no namoro não é diferente. Os encontros românticos de verdade são importantes porque fazem com que os caras que têm potencial saibam que o seu tempo é precioso e que você não está disponível para encontros casuais, então se eles quiserem se envolver com você terão de se esforçar em se adequar à sua programação e estilo de vida. Isso te coloca no banco do motorista e te faz parecer um baita prêmio! Além disso, namorar pode ser maravilhoso. E caso não tenham te ensinado isso na faculdade — homens gostam de garotas que são um baita prêmio! O como fazer é simples, é só manter umas frases chave no gatilho. Tipo: "Se eu tivesse tempo pra sair estaria com meus amigos, mas poderia considerar a ideia de jantar com você se me convidar para um encontro" ou "Você está me convidando para um encontro? Porque não curto muito essa história de 'ficar', mas se é um encontro, gostaria de ir".

DO OUTRO LADO DA CERCA
por que eu deveria se não preciso?

Fala aí, Greg!
Por que eu deveria convidar as garotas para sair quando nem preciso? Esse negócio de encontro custa caro e, vamos combinar, meu irmão, eu não preciso marcar nenhum encontro sério com ninguém para dar umazinha.

Assinado: O safado anônimo do bar da esquina
Sua cidade

Caro Espertalhão,

Maluco, você não deveria convidar ninguém para sair. NUNCA! Encontro sério é para os caras que gostam das mulheres e de si mesmos; tá na cara que não é o seu caso. Mas, para ser justo, as mulheres que saem com você ou A) só querem mesmo dar umazinha (não há nada de errado nisso) ou B) não se valorizam nem um pouco mais do que você mesmo, o que faz de vocês um par perfeito. Para mim, convidar as mulheres para sair e batalhar para conquistá-las era um dos maiores prazeres nesta vida. Se Deus quiser, um dia você encontrará uma garota de quem vai gostar pra valer e que você terá de convidar para sair porque ela não aceita qualquer coisa. Aí você entenderá o prazer de sair com uma garota nota dez!

O CARA QUE PISOU NA BOLA E A GAROTA QUE MANDOU BEM

Sou totalmente a favor de "ficar" ou qualquer outra coisa que não me obrigue a esse troço de encontro sério. Na minha vida, eu só abria uma exceção à essa política de evitar lances sérios quando tinha um baile ou qualquer outro evento para o qual eu precisasse de uma companhia. Então, e somente então, eu realmente ligava para alguém de antemão e marcava um encontro e, no mais, o resto era casual ao extremo. Pode acreditar: não faltam garotas com quem consigo "ficar" em qualquer dia da semana.

Um dia, conheci a Rebecca na festa de um amigo. Rebecca era diferente, não era a garota mais bonita que eu já tinha visto mas tinha um "quê" a mais. Tentei todas as abordagens clássicas. Conversei, paquerei, me ofereci para levá-la em casa de carro ou caminhar com ela até lá, ofereci uma bebida, convidei a garota para tomar um "arzinho" lá fora, perguntei se ela não queria ir a uma outra festa, tudo que você possa imaginar. Ela era legal, segura e, definitivamente, muita areia para o meu caminhão. Não rolou nada naquela noite ou nas vezes seguintes em que nos esbarramos pelas festas da vida. Finalmente perguntei o que eu precisava fazer para a gente se encontrar. Ela respondeu:

– Ué, me convide para um encontro.
E aí dei o maior vacilo, perguntando:
– Que tipo de encontro?
Ela riu e disse:
– Isso não vai dar certo. Você é muito criança e eu só saio com homens maduros.

Depois dessa eu deveria ter tentado convidá-la para um encontro sério umas dez vezes, mas ela jamais sairia comigo. Então conheci seu novo namorado e perguntei para ele:
– Cara, como você conseguiu convencer Rebecca a sair contigo?
Saca só o que ele respondeu:
– Ora, eu a convidei para sair.

Continuo mantendo as coisas em um nível casual com a maioria das garotas, mas quando conheço uma de quem gosto pra valer... nem tento convencê-la a "ficar" comigo; vou logo convidando-a para sair. Quer saber? Convidar uma garota para um encontro sério faz com que eu me sinta um cara gente fina, cortês, tipo o George Clooney. Fico me sentindo O Cara. Não sei por quê, mas fico.

Patrick
Newark, Nova Jersey

DEU CERTO COMIGO!

Há muitos anos tenho sido uma "companhia" em potencial, fácil e nada exigente para todos os caras com quem tive uma conversa bacana, que beijei depois de tomar umas e outras ou com quem acabei na cama. Sempre achei que se eu quisesse ser convidada para um encontro sério no lugar de simplesmente "ficar", os caras iam me achar uma chata e não iam querer nem chegar perto de mim. Então, basicamente eu topava todas as formas de encontros que não fossem sérios. Nenhum desses "relacionamentos" durou muito tempo e várias vezes fui a única a achar que se tratasse de um relacionamento mesmo. Eu já estava começando a sentir uma ojeriza com relação aos homens e a mim mesma e, para completar, eu já me perguntava o que havia de errado comigo. Havia seis anos que ninguém me convidava para sair. Então conheci um cara de quem gostei muito e que tinha uma namorada, assim, obviamente não fiz nada mais do que conversar com ele nas poucas vezes em que nós nos cruzamos. Mas sempre achei que ele fosse o tipo do cara com quem eu gostaria de namorar. Seis meses depois que, perante um copo de Margarita e minha melhor amiga, prometi solenemente só aceitar convites para encontros sérios dali para a frente, eu cruzei com ele. Colocamos o papo em dia e descobri que ele tinha acabado o namoro e ele me disse que a gente deveria se encontrar uma hora. Minha antiga personalidade teria concordado e pedido a Deus que ele pelo menos se lembrasse de me passar um torpedo, mas a nova mulher que eu me tornei, depois da promessa solene, disse:

– Não sou muito de dar saídas. Mas se você me convidar para um encontro sério, aceitarei com o maior prazer.

Conclusão: além de eu me surpreender com toda aquela coragem, pela primeira vez em seis anos eu me senti muito bem comigo mesma. E quer saber? Ele me convidou ali mesmo, na lata, e disse que gostava de minha segurança. Há três meses que ele continua me convidando para sair. Então estou aqui para dizer que ser o tipo de garota que não aceita menos que um encontro sério funciona mesmo!

Kristie
Taos, Novo México

QUANDO EU ERA SOLTEIRA
AMIIRA

Eu gostava de "ficar" com os caras porque parecia tão mais fácil e menos formal do que namorar... exceto quando eu gostava mesmo de alguém e percebia que não é nada fácil.

Na verdade, é completamente enervante, pois a nossa cabeça fica cheia de questionamentos do tipo: "O que estamos fazendo? Como posso transformar isso aqui numa coisa mais séria e como faço para saber se ele gosta mesmo de mim?" Quando você já se cansou de tantas experiências desse tipo e, se eu estiver sendo honesta, depois de atingir um nível de maturidade, você não quer mais saber dessas saidinhas. Bom, pelo menos foi assim comigo. Muitos dos meus relacionamentos começaram com uma saidinha e então viraram algo mais, só que preciso deixar claro que eu era meio puritana. Não saía por aí dando amassos nem topando tudo quanto era rala e rola. Nunca fui a garota que dava com facilidade depois de beber umas e outras, pois mesmo bêbada eu preferia conversar com um cara bonitinho sobre sua coleção de discos a enfiar a língua em sua boca. Não sei por quê, e com certeza há alguns caras com quem eu deveria ter transado. Mas à medida que fui amadurecendo, ficou mais claro para mim quem eu era e que tipo de pessoas eu queria em minha vida – quer fossem amigos, parceiros comerciais ou namorados; daí acabei me afastando das pessoas que não se abriam muito.

É quase um clichê, mas tem dias em que você acorda e não quer que seus relacionamentos sejam tão difíceis, delicados ou frágeis. Nesse período em que passei a tocar a vida com um direcionamento certo e maior clareza, algo interessante aconteceu. Comecei a receber convites tanto de rapazes sérios e equilibrados querendo um encontro decente, quanto de caras que tinham namoradas, tocavam em bandinhas locais, não tinham boa reputação nem ambições e que queriam apenas dar uma "saidinha". Aconteceu então uma coisa engraçada... os carinhas que só queriam uma "saidinha" também passaram a me convidar para encontros sérios. Passei por um renascimento romântico, e foi ótimo. Não que todos os encontros tenham sido espetaculares, alguns nem bons foram; mas é que eu tinha uma ideia clara de quais eram as intenções ali – tanto as minhas quanto as deles. A clareza com relação a quem sou, quanto ao valor do meu tempo e como eu me comportava nos encontros tornou-se minha bússola, e por fim me levou ao cara certo para mim.

REFLEXÕES DA CIDADE DOS CUECAS

Não falo por todos os homens, só posso falar por mim e sobre os papos que já tive com meus amigos. Comigo sempre foi assim: se eu não tivesse que dar nome aos bois, eu não dava. Ou seja, se a mulher topasse uma saidinha, ou me deixasse dar uma passadinha na casa dela ou não se importasse que eu ligasse para a gente sair e dar umazinha, eu estava dentro. Se desse para eu encontrá-la com as amigas, tomar uns drinques e voltar para a casa dela, ótimo. Mas eu *nunca* levava uma coisa dessas a sério. Então, se por acaso ela mencionasse para alguém que a gente estava namorando, aquilo sempre me surpreendia, pois eu achava que a gente estivesse "ficando", o que É BEM DIFERENTE DE NAMORANDO. Para mim, namoro sempre implicou em seriedade e em uma intenção de construir um relacionamento. Só rolava mesmo quando eu estava muito a fim da garota, a ponto de estar disposto a investir. Só que eu estava no lado oposto, onde eu me encontrava com uma garota que não estava a fim de nada mais que uma saidinha e umazinha. Parece ideal, certo? Teria sido se eu não tivesse gostado tanto dela e desejado mais que aquilo.

A verdade sobre os homens é a seguinte: nós também queremos um relacionamento sério, e quando queremos, deixamos isso claro e convidamos vocês para um encontro sério.

BISCOITINHO DA SORTE DOS RELACIONAMENTOS

Você é quem determina seu próprio valor. Caso concorde em dar apenas uma saidinha, é só isso que vai conseguir mesmo.

O PIOR ENCONTRO DA HISTÓRIA ☹

Conheci um cara simplesmente incrível quando eu fazia um estágio numa firma de advocacia em São Francisco. Chamava-se Taylor. Era louro, trabalhava de barman em um pub *yuppie* no final da rua onde ficava meu escritório. Eu trabalhava horas a fio e geralmente dava uma passadinha lá pra dar um oi um pouco antes de o bar fechar. Percebia que ele gostava de mim, pois acho que só paguei por um drinque uma vez. Às vezes eu ficava lá com ele depois que o bar fechava e geralmente acabávamos dando uns amassos. Depois de mais ou menos um mês, lembro que pensei que era muito legal ter um namorado. Finalmente fui efetivada pela firma de advocacia para trabalhar em horário integral e quis sair com o Taylor para comemorar. Fiz reserva em um ótimo restaurante, cheguei no bar de surpresa e saí com ele para torrar meu primeiro pagamento. Durante o jantar, contei as boas-novas e disse que queria celebrar com meu namorado. Ele me interrompeu e disse:

— Espere aí. A gente não está namorando, pois eu nunca a convidei nem para um encontro sério.

Pensei que ele estivesse de brincadeira, então pisquei os olhos e perguntei se ele gostaria de me convidar para um encontro sério oficial e ele respondeu:

— Na verdade não. Só convido uma garota para um encontro sério quando estou mesmo a fim dela.

Fiquei chocada. Perguntei o que ele achava de mim então e ele me disse:

— Não sei... você é a garota que me deixa dar umas passadas de mão no banheiro.

É só um encontro, p*@#a! – parte 1

Para que tanto alvoroço? Gente, não é nenhuma irresponsabilidade de sua parte. É um encontro. Você não merece um? Achamos que sim. Se ele não consegue tomar coragem ou pelo menos ter um mínimo de imaginação para lhe convidar para um café, então não está preparado para ser sócio do seu clube. A filosofia deste livro é simples: marcar um encontro sério com você deve ser muito mais fácil do que namorar! Então, amiga, defina seu padrão para "ENCONTRO SÉRIO" e bote para quebrar!

O original e mundialmente famoso
Livro de Exercícios das Campeãs

Parabéns! Você não é mais uma pessoa que cruza os braços e espera que os encontros sérios aconteçam. Você é quem está ao volante e hoje é o dia em que finalmente você está a caminho do seu objetivo. Marque em seu diário; este é o primeiro dia de sua Nova Política de Encontro! "Política de encontro? Diário? Para, vai! Você não espera que eu escreva uma política de encontro, né? Achei que vocês fossem os caras da autoajuda avessos à autoajuda!"

Querida, você pode fazer o que bem entender, mas nós descobrimos, assim como muitas outras pessoas, que faz uma diferença enorme quando você esquematiza tudo na ponta do lápis. Quando coloca no papel, você tem algo tangível para se lembrar de quem você está tentando ser e como quer honrar a si mesma nos dias em que não conseguir se lembrar ou quiser fugir dos padrões estabelecidos porque parece muito difícil. Além do mais, acabamos de comprar um estoque de cadernos e esperamos arrebentar. Precisa de uma ajudinha? Leia o modelo a seguir e crie o seu próprio usando as palavras de que você gosta.

> Eu, ... sou uma pessoa que tenho encontros marcados. Quando gosto de alguém e sinto que pode haver uma chance de estar com ele, então invisto um tempo para conhecê-lo melhor, namorando. Não perco meu tempo, pois ele é precioso. Não dou nenhuma "saidinha" nem "fico" com ninguém, nem anulo o que é importante para mim. Isto me torna uma pessoa mais sensual e interessante porque tenho consciência do meu valor, que é altíssimo, filhos da p#*@. Então, vamos marcar um encontro sério!

Beleza, você já sacou qual é a ideia, certo? Agora é só preparar, apontar, fogo!

6

PRINCÍPIO NÚMERO 5
não assuste os outros com suas carências

Loucura + *Sexo nem sempre* = *Maneiro*

Deixe de ser carente. Parece simples. Parece fácil. Entretanto, esta será a coisa mais difícil que lhe pediremos para fazer porque a carência é uma cobra desgraçada. Ninguém gosta de pensar em si mesmo como uma pessoa carente. Carente não é sexy. Não é atraente. Ninguém convida uma pessoa carente para dividir um apartamento ou para passar um domingo. Em geral você não é uma pessoa carente, é? Provavelmente não (na maior parte do tempo), mas os encontros amorosos podem puxar o único fio da insegurança na trama bem tecida da pessoa mais segura que existe e arrasá-la, aniquilando quaisquer potenciais relacionamentos que apareçam. (Vá ao Google e pesquise "Marie Nowark" para ter uma ideia real. Ela é aquela astronauta que abandonou a família e cruzou o país usando uma fralda para tentar sequestrar a nova amante de seu namorado.) É verdade. Não há como se ter um controle do namoro nem sobre os sentimentos muito fortes, então, é uma receita explosiva. É uma tortura quando você se expõe e se abre para um outro ser humano que a abraçará ou a rejeitará, e você só consegue saber o que está acontecendo na sua cabeça e em seu coração. É assustador ficar assim tão vulnerável, daí qualquer um prefere saber logo se vai ser rejeitado. É PRECISO saber para conseguir se proteger e manter as emoções sob controle. O que fazer para saber logo? Você apressa as coisas. Tenta dar uma forçada para definir tudo. Fica obsessivamente analítica com relação a todo e qualquer aspecto de cada encontro, e-mail, mensagem de texto ou telefonema para tentar decifrar o terreno onde está pisando com a outra pessoa e o que vai acontecer em seguida. Abracadabra! Você está jogando xadrez emocional (que é um péssimo jogo) e tentando forçar alguém a lhe dar um xeque-mate ou recuar. Quando as coisas chegam a este nível, o namoro já foi pro saco. Você está namorando uma versão da pessoa que está sob pressão para descobrir e definir o que realmente sente a um ritmo acelerado. A outra pessoa está namorando uma versão sua que você está fingindo ser para fazê-la sentir as coisas que você quer que ela sinta para assumir um compromisso. Por fim, a coisa vira uma zona, porque nenhuma das partes está sendo espontânea e verdadeira, nem está experimentando suas respostas emocionais em uma natureza orgânica ou no ritmo que é certo para cada um como indivíduo. Quando se dá conta, você já pirou.

 Se for para seguir apenas um conselho nosso, que seja este: a constante necessidade de palavras de apoio e conforto se manifesta de maneiras que certamente farão com que seu novo namorado ache você insegura, esquisita e se afaste rapidamente. VOCÊ PRECISA MOSTRAR CERTO CONTROLE EMOCIONAL. De maneira nenhuma é uma boa ideia planejar o casamento depois do primeiro encontro, ligar para ele vinte vezes ao dia, analisar a relação sem parar, ou ficar desesperada querendo uma definição antes de saber o nome completo dele, pois é isso que uma louca ensandecida faz. Mesmo quando achamos que nossa carência está sob controle, ela está bem ali, inconscientemente nos motivando a agir sob impulso. É por isso que você tem de se manter atenta e se policiar o tempo todo. Digamos que você se encontre com um cara e de repente sinta uma necessidade incontrolável de ouvi-lo dizer que você é bonita... em vez de provocar o elogio, encha a boca de pão, torradinhas ou passe o guardanapo até que a necessidade desapareça. Corra para o banheiro e jogue água fria no rosto, então tranque-se em um dos reservados até que você consiga resistir, pegue o telefone dele emprestado, peça licença e retire-se para fazer uma ligação importante para si mesma, e então deixe um recado em sua caixa postal pedindo pelo amor de Deus que você não estrague tudo – assim você pode reavaliar essa mensagem a noite inteira se for preciso. Está vendo aí como existem soluções bem na sua cara? Só você pode controlar a garota carente e louca aí dentro de sua cabeça.

Sabemos que você não quer fazer nenhum jogo quando está namorando, mas tem um jogo muito importante chamado "Não assuste os outros com suas carências". Não se trata de um jogo de tática e engano (tipo esperar dois ou três dias para retornar a ligação e fingir que andou ocupada) ou "como posso ser diferente de forma a fazer com que ele goste de mim?" ou "como posso manipular este cara e fazer com que ele me ame?". As pessoas que se recusam a admitir que há um jogo *certo* a ser colocado em prática não têm muitas chances de sucesso, pois estão na verdade fazendo um jogo chamado "Estou ignorando as regras e não tô nem aí para o que você acha disso".

Nada se compara à sensação de amor, com exceção de um pavê de chocolate. É glorioso, maravilhoso e reconfortante. O amor nos faz sentir confiantes e poderosas, seguras de nosso lugar neste mundo. O caminho até o amor não é tão bacana assim, pois é pavimentado de medo de se magoar e da dúvida "E se ele não gostar de mim como eu gosto dele?". É um território desconhecido, o que nos deixa desejando reafirmações o tempo inteiro, querendo ter certeza de que estamos tomando a direção certa e que tudo vai ficar bem. Queremos definir as coisas, saber onde pisamos, saber se ele gosta mesmo de nós, ainda que não seja o homem de nossa vida. Nós nos pegamos querendo ligar para ele, independente do fato de termos saído duas vezes (três vezes se for considerar o encontro no bar com ele e os amigos) e dizer: "Oi, esse negócio vai acontecer ou não? É que já estou enlouquecendo!", embora seu lado racional saiba que pedir que ele dê uma definição assim tão cedo pode acabar dando M.

Nossas inseguranças criam as emoções mais difíceis de gerenciar, daí nós nos concentramos no resultado, esquecendo-nos de construir a relação. A necessidade de definição é maior que o bom-senso — eis a maior armadilha para os casais de hoje.

O método que oferecemos é oposto a isso. Em vez de tentar descobrir "Como faço para você me amar?", você deve pensar, "Que tal se eu parar um pouco para ver onde estou nisso tudo e se eu ao menos gosto de você?". Esta é uma mentalidade completamente diferente que implementa uma estratégia muito diferente e saudável.

Toda relação é uma evolução e é muito mais agradável quando você está vivendo tudo de verdade, em vez de ficar tentando chegar aos finalmentes. Às vezes, a lógica não é páreo para os sentimentos que nos governam. Assim sendo, respire fundo e controle seu lado ruim. Paciência, jovem gafanhoto!

MAS GREG, TENHO ALGUMAS DÚVIDAS

e se eu precisar saber que rumo as coisas estão tomando pois preciso confirmar presença num casamento?

Querido Greg,

Qual é a dos homens? Um cara me convidou pra sair no ano passado quando eu estava namorando, então educadamente recusei; mas de vez em quando ele mandava e-mails pedindo para ser o primeiro a sair comigo quando eu estivesse solteira. Finalmente estou solteira agora e tivemos um encontro maravilhoso. Ele disse que valeu a pena esperar e marcamos de repetir a dose. Depois de mais alguns encontros perguntei se ele me acompanharia ao casamento de minha prima daqui a dois meses (tenho que confirmar com antecedência porque parece que é de importância nacional que eu reserve o número certo de acompanhantes) e ele ficou todo estranho comigo. Tudo bem que ao achar que ele fosse aceitar o convite, eu deixei implícito que acreditava que ainda estaríamos juntos daqui a dois meses, mas se tudo está indo tão bem e se a princípio ele esperou um ano inteiro pra sair comigo, por que seria absurdo imaginar tal possibilidade?

Sienna
Birmingham, Inglaterra

Querida Ilusionista,

Ah, o velho truque do casamento. Tem sido uma boa desculpa há anos e ainda assim toda mulher com quem converso pensa que ela é a primeira a achar uma saída para definir uma relação. Não importa se é o casamento de sua prima, entradas para a final do campeonato nacional de futebol, um chá com a rainha ou convites para assistir à cerimônia do Oscar — você não pode subornar ou coagir alguém a se comprometer numa relação e esperar bons resultados. Os caras piram quando você tenta pressioná-los, porque isso faz com que você pareça carente e apavorada. Se acha que não está pressionando a outra pessoa só porque "não é nada de mais", você está brincando consigo mesma. Se você tivesse tanta certeza quanto ao futuro do relacionamento, confirmaria a presença para duas pessoas e só o convidaria quando chegasse mais perto da data do casamento. E se ele não estiver mais no pedaço, você pode levar um amigo que ficará feliz em ir desde que você não o tenha desprezado pelo idiota que te deu o fora antes do casamento da sua prima. A regra geral é: não fazer planos futuros até que vocês estejam juntos por um período de tempo maior do que o do dia de hoje até o próximo evento, e no mínimo dois meses. O casamento da prima... francamente.

por que ele fica apavorado com o fato de sermos perfeitos um para o outro?

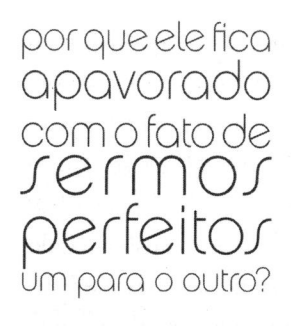

Querido Greg,

Minha amiga Belinda armou pra mim um encontro com seu irmão mais velho, Ryan, por achar que tínhamos muita coisa em comum. Aí Ryan e eu decidimos ir a um restaurante indiano e ver a Amy Winehouse, coisas que descobrimos que nós dois amamos. O jantar foi ótimo, nossa conversa não poderia ter sido melhor e temos tudo em comum. Até brincamos sobre casarmos porque foi esquisito descobrir como somos tão parecidos e como nosso encontro estava indo tão bem. O show foi fantástico e no final ele estava atrás de mim me abraçando tão forte como se eu fosse sua garota. Demos uns amassos no carro dele por uma hora e, já que tinha sido o melhor encontro que tive, fiquei meio que achando que estávamos namorando (por causa do comentário de casamento no jantar) e fiz tipo uma brincadeira dizendo que quando estivéssemos casados eu faria com que ele e Belinda ficassem com meu sobrenome em vez de eu ficar com o deles. No dia seguinte liguei e ele pareceu outra pessoa – todo distante e relutante em sair de novo. Então liguei pra Belinda pra ver se ele tinha dito alguma coisa depois do nosso encontro e ela me contou que ele disse que eu tinha ficado um pouco entusiasmada demais com a ideia de casamento e que dei a impressão de estar desesperada para encontrar um namorado. Dá pra acreditar nisso? Nosso encontro foi maravilhoso, ele até falou que éramos perfeitos um para o outro, por isso fiquei entusiasmada, mas desesperada? Fala sério. O que posso fazer pra que ele pense que não estou desesperada e pra que ele volte a sair comigo?

Tabitha
Leeds, Inglaterra

Querida Procura-se Namorado Desesperadamente,

Olha só, eu não estava lá e não ouvi a brincadeira, mas devo dizer que a palavra casamento é como uma bomba atômica para um primeiro encontro. Mesmo que sua intenção tenha sido usar uma granada de brinquedo e ele tenha confundido com um canhão. Em algum momento no meio daquele melhor primeiro encontro do mundo ele levou a brincadeira do casamento a sério, percebeu um desespero real, e pegou esse desespero como um pretexto para se safar ou pode ser que ele se assuste facilmente. Ou talvez você seja perfeita pra ele e ele não esteja pronto para um compromisso e daí esteja lhe dispensando e lhe transformando no bode expiatório. Os caras entram em pânico quando as coisas vão muito bem muito rápido, pensam que deve ter alguma coisa errada que eles não conseguem ver. De qualquer modo vocês não eram o par perfeito que você imaginou porque, se o encontro tivesse sido tão maravilhoso quanto você disse, ele não teria deixado que uma brincadeira o impedisse de lhe encontrar novamente. Desculpa, lindinha, o melhor a fazer é seguir em frente e, da próxima vez, guarde todas as piadas sobre casamento para si até que esteja com seu noivo, porque os homens são facilmente aterrorizados pelo casamento. A propósito, como é que estava a Amy Winehouse? Ouvi dizer que ela é um pouco temperamental.

e se na época eu não estava carente e agora me sinto assim?

Querido Greg,

Estou saindo com o Grant há uns quatro meses e, apesar das coisas estarem indo muito bem, estou preocupada. Olha só, ele deixou muito claro que não queria um relacionamento sério e que não estava a fim de ser responsável por outra pessoa, então no começo relaxei e levei na boa. Não dei importância a quantas vezes saíamos ou à nossa situação como casal (ou pelo menos fingi não me importar). De maneira alguma agi como alguém carente ou insegura, pra mim era tudo indiferente. Aí, quando ele estava curtindo os benefícios de nosso relacionamento superficial e descomplicado, aos poucos comecei a deixar algumas coisas minhas na casa dele. Tomei posse de uma gaveta para minhas lingeries e roupas reserva para o caso de eu passar a noite lá, deixei algumas coisas de higiene pessoal no armário do banheiro e enchi a geladeira com meu iogurte preferido e coisas para o café da manhã. Fiz uma cópia da chave da casa sob o pretexto de dar comida para o cachorro e levá-lo pra passear quando Grant tivesse que trabalhar até tarde. Fui ficando pra passar a noite lá algumas vezes na semana até que chegamos à situação de namorados, ou pelo menos presumi que fôssemos, pois praticamente eu o impedi de sair com outra pessoa. Agora parece que ele está se afastando um pouco de mim, agindo diferente e ficando bem irritado comigo. Acho que estou apaixonada e tenho medo que ele pense que eu o enganei pra que se tornasse meu namorado e esteja avaliando se vai ficar comigo. Não consigo me segurar e fico pedindo que ele me assegure de que está tudo bem entre a gente e sinto-me apavorada. O que faço?

Petra
Ottawa, Canadá

Querida Sorrateira,

Parece que você realmente armou pra que ele se tornasse seu namorado. Ele foi claro com você desde o início sobre não querer um relacionamento sério e você ignorou o que ele sentia mudando-se pra casa dele. Não me canso de dizer: cada um tem seu próprio ritmo afetivo e emocional. Ainda que consiga manipular o cara e fazê-lo comprometer-se com algo mais rápido do que ele quer só para realizar *seu* próprio desejo, você está ferrada. Porque você sabe que no fundo ele tem dúvidas, já que tudo aconteceu muito rápido e ele não está confortável com essa coisa de você precisar dele e por você tê-lo iludido para entrar nesse relacionamento. Ótimo, agora você vai ficar imaginando se ele vai mudar por causa dessa dúvida ou pior: se vai procurar algo melhor. Se você pensou que precisava de garantias antes de virarem namorados, como ficará agora que os riscos ficaram mais altos e você terá de se preocupar toda vez que o cara sair de casa pensando que ele vai se tocar e não vai querer mais ficar com você? É perigoso deixar-se escravizar pela necessidade, podendo até levar à loucura. Seja honesta com ele, diga que você pode ter precipitado as coisas e que não se incomoda em voltar atrás e dar-lhe um espaço caso ele precise definir o que sente.

tem diferença entre ser carente e ser honesta?

Querido Greg,

Tive o primeiro encontro com um cara e tudo estava indo muito bem. Nossa conversa fluiu facilmente, não faltou assunto e ele é um gato. Aí as coisas mudaram de figura. Fiquei um pouco alta e coloquei as cartas na mesa dizendo algo do tipo: "Não faço joguinhos, eu sou assim. Não vou fingir que não gosto de você pra que você goste mais de mim. Curto você pra caramba e acho que seria formidável ficarmos juntos." Pensei que um cara como John fosse apreciar minha sinceridade, mas não foi o que aconteceu. Ele meio que falou: "Este é apenas o primeiro encontro. Ainda nem conheço você e com certeza não posso dizer se teremos um futuro juntos. Vamos nos concentrar no jantar porque não estou realmente pronto para me comprometer antes da sobremesa." Estraguei tudo e ele nunca mais me ligou. Pensei que sendo sincera estivesse fazendo uma coisa legal, então o que eu fiz de errado?

Kristen
Sydney, Austrália

Querida Roleta Encachaçada,

Sinceridade é muito bom, então me deixe ser sincero com você. Que vacilo mais idiota! Antes de ser sincera com outra pessoa é imprescindível que você o seja consigo mesma. Você deveria ter se perguntado: "Por que preciso saber agora aonde isso vai dar?", ou algo tipo "Essa pessoa está pronta pra que eu coloque todas as minhas cartas na mesa agora?", ou ainda, "Será que quero arruinar os sentimentos legais que estamos tentando concretizar em nome de uma resposta para o futuro?", ou "Será que não posso esperar pelo menos até o fim do terceiro encontro?" ou então "Quero aparentar ser totalmente louca?". Depois que tiver respondido isso, talvez mude de opinião em ser tão sincera. Olha Kristen, usar a sinceridade para afastar alguém é um truque maravilhoso porque aí você pode fingir que ele é o vilão da história. Mas há maneiras melhores de afastar alguém e não conseguir o que você quer. Ei, pegue leve com os drinques da próxima vez, eles não estão ajudando.

DO OUTRO LADO DA CERCA
como faço alguém recuar um pouco para não estragar as coisas?

Fala Greg!

Comecei a namorar uma garota que conheci no metrô numa tarde, o que a princípio pareceu ser uma baita sorte. Só que depois de alguns encontros, ela começou a me esperar todo santo dia na plataforma do metrô para irmos juntos. Sei que eu deveria achar esse troço bacana, mas está me sufocando, parecendo que agora tenho de vê-la todos os dias. É esquisito voltar para casa do trabalho, ouvindo o mesmo papinho do tipo "O que vai jantar hoje?" sem achar que ela está doida para que eu a convide para sair, embora ela nem toque no assunto diretamente. Ainda não sei se ela não tem vida ou se simplesmente gosta muito de mim, mas seja lá o que for, tá um pouco demais pra aguentar e tô ficando bolado. Como posso fazê-la recuar um pouquinho?

Marcus
Nova York

Caro Don Juan do Metrô,

Caramba! Essa é dureza. Você praticamente quer gritar para ela: "Não, espere aí! Não estrague as coisas!" Ela provavelmente não faz a menor ideia de que está estragando tudo. Este é um exemplo de como se assusta alguém mostrando-se as carências e um excesso de disponibilidade. Ainda que ela não seja necessariamente uma pessoa carente, está lhe dando a impressão de que não tem nada mais para fazer da vida além de ficar lhe esperando no metrô. É até uma lisonja, mas vamos combinar: é brochante demais um negócio desses. Se ela tivesse feito isso uma vez como uma surpresinha, você teria ficado com a bola cheia, mas no quinto dia já fica parecendo coisa de tarada perseguidora. Se você realmente gosta dela, deve abrir o jogo. Experimente dizer algo do tipo: "O autor daquele livro *Ele simplesmente não está a fim de você* me disse que você ficaria feliz se eu fosse honesto, então aí vai... Gosto de você, mas não consigo decidir se gosto de verdade porque a gente se vê com muita frequência. Preciso muito que a gente não se veja sempre para que eu possa pensar em você e, quem sabe, sentir saudade de lhe encontrar lá me esperando na estação." Então enfie as mãos nos bolsos e olhe para baixo – as garotas adoram isso. Acho que é porque a gente fica com um ar de menino, meio vulnerável, quando fazemos isso, mas acaba dando uma aliviada nas coisas e fará com que fique parecendo que se trata de uma coisa sua, e não de algo de que ela deva se envergonhar.

A GAROTA QUE PISOU NA BOLA

Por que será que sempre que começo a sair com uma garota de que gosto, ela se torna uma pessoa insuportável lá pela sexta semana? É quase sempre a mesma coisa, começa tudo muito bem, começamos a nos conhecer melhor e daí, seis semanas depois, ela passa a mostrar uma insegurança esquisita. Sei que tem tudo a ver com o fato de eu ter de viajar a trabalho a cada dois meses, daí é batata: quando estamos engrenando, rola uma viagem. Faço questão de garantir que vou ligar quando puder, mas que nem sempre consigo falar durante o dia. Mando flores com um cartão dizendo que sentirei saudade. Então, quando comecei a namorar a Ivy, fui muito honesto sobre o que já rolou antes e ela jurou que não era assim. Daí viajei, como eu tinha avisado que precisaria, e não deu para eu ligar com tanta frequência. A princípio pareceu que estava tudo bem, mas no quinto dia, tudo mudou. Quando liguei, em vez de dizer "Oi!", ela disse, toda fria: "Quanta gentileza sua arranjar um tempo em sua agenda lotada para me ligar." Ou quando eu ligava para dizer boa-noite, tinha de passar meia hora tendo que assegurá-la de que eu estava com saudades e que pensava nela. Meu Deus do céu! Se eu não estivesse pensando nela nem ligaria, e naquele momento eu só conseguia pensar que não deveria ter ligado. Daí ainda tem as mensagens de texto do tipo "Vc ainda está c saudade?", os e-mails dizendo "Estava pensando em vc" e as mensagens de voz dizendo "Quando puder, me dá uma ligadinha", que me distraem do trabalho e fazem com que eu me sinta culpado e meio puto. Durante as viagens a trabalho, geralmente estou acompanhado do chefe, que é um profissional muito sério, ou de clientes que não gostam nada que eu use meu tempo ali para cuidar de assuntos pessoais.

Quando volto para casa, já não sinto mais a mesma coisa porque fui infernizado por uma mulher que pensa que eu vou chifrá-la ou esquecer que ela existe. Daí passo a ser o vilão da história, pois a garota não acredita que eu goste tanto dela e aí, justamente quando era para eu sentir saudade, estou completamente irritado e não consigo mais voltar a gostar.

Tommy
Calabasas, Califórnia

TALVEZ OS CARAS ESTEJAM CERTOS

Sei que fico insegura e carente quando gosto muito de alguém que não esteja me enviando todos os sinais necessários para que eu sinta que ainda estaremos juntos no mês ou ano seguinte. Sinto meu desconforto aumentar sempre que estamos distantes um do outro e não recebo notícias dele há um dia. Um dia parece uma eternidade quando gostamos muito de alguém e não sabemos ao certo se ele está só molhando os dedos dos pés ou mergulhando de cabeça. Sempre fui o tipo de pessoa que se apaixona rapidamente e então põe tudo a perder assustando o cara, precisando saber o que vai acontecer em seguida. Só quando a M já aconteceu é que consigo ver que devo ter parecido uma desesperada, tentando transformar um terceiro encontro em um relacionamento. Morro de vergonha quando olho para trás e analiso algumas coisas que fiz.

Agora que estou com trinta anos, decidi que não vou mais me permitir sucumbir a meus impulsos de carência ao lidar com um novo cara. A regra é a seguinte: se você ainda não me considera como sua namorada, também não serei um problema para você. Posso me controlar. É mais fácil falar do que fazer, e obviamente assim que fiz essa declaração, conheci Bryan. Só que dessa vez eu estava determinada a controlar meus impulsos autodestrutivos; então, sempre que baixava uma insegurança e a necessidade de reafirmação, eu ligava para minhas amigas e pedia para elas tirarem da minha cabeça a ideia de me expor para ele. Elas então me cobriam de elogios e lembravam que eu me sentiria e me tornaria dez vezes mais atraente se eu conseguisse simplesmente segurar a onda e não dar uma de louca.

Então já estou com o Bryan há seis meses e embora já tenham baixado uns sentimentos malucos, não expus nada para ele. Bryan me disse que sou a garota mais independente e equilibrada que ele já namorou e além disso me contou que comeu o pão que o diabo amassou com mulheres o pressionando e se mostrando carentérrimas. (Algumas delas cometeram as mesmas besteiras que cometi no passado, mas abafa o caso!) Sinto-me completamente mudada depois que domei a carência e, finalmente, consegui fisgar o cara!

Janessa
Chicago, Illinois

QUANDO EU ERA SOLTEIRA
AMIIRA

Nesta vida já fui muito carentinha, sentindo muita necessidade do outro, mas também já fui do tipo que uma hora diz "eu te amo" e logo em seguida quebra o pau. Eu não gostaria de viver nenhuma dessas experiências novamente por vários motivos. Pelo que pude aprender, parece haver um fio invisível que liga a Necessidade ao Respeito. Ou melhor, a maneira com que uma pessoa lida com suas próprias carências é diretamente proporcional ao tanto de respeito que ela exige de quem ela precisa tanto. Nem sempre é possível ser respeitado quando a dignidade deu no pé e foi substituída pelo desespero. É difícil sentir algo de bom em relação a alguém que deu um piti assim do nada, destruindo toda a imagem bacana que existia. De uma forma ou de outra, todo mundo já passou por isso, quando a pessoa com quem se está *meio que* namorando passa por uma mudança estranha e de repente não aguenta a ideia de continuar vivendo uma relação ambígua nem mais um segundo. Então a pessoa gruda em você feito cola, ou pior ainda, não para de lhe controlar, fazendo piadas sobre o futuro e jogando para que você lhe dê algum sinal de que o lance entre os dois vai ficar sério. Não tem coisa pior! Lembro-me de uma vez em que gostei muito de um cara com quem eu vinha saindo há algumas semanas e acabei desgostando completamente quando sua natureza calma e tranquila foi substituída por uma repentina necessidade de definir nossa relação. A constante necessidade de conversar sobre o futuro que eu não conseguia ver emparelhado com sua onipresença era sufocante e definitivamente o começo do fim. Pior ainda é a consciência de que já fui a carentinha, buscando sinais de reafirmação de alguém que se afastava quanto mais carente eu me mostrava. Mesmo dez anos depois ainda lembro como era péssimo ser tão fraca e sem o menor controle sobre minhas próprias emoções e atitudes. Todos nós aprendemos com os erros do passado; é por isso que dizem que devemos confiar na crítica que fazemos quando olhamos para trás. Então, lembre-se de que o objetivo é manter seu autorrespeito sobre tudo e ser alguém de quem ele corra atrás e não que o faça sair correndo.

REFLEXÕES DA CIDADE DOS CUECAS

Olha só, é muito simples: nenhum cara gosta de ser pressionado a se comprometer com nada que seja maior do que o prato servido no almoço. Não gostamos nada quando rola uma pressão no namoro porque, quando vocês nos pressionam, basicamente estão dizendo: "Eu sou sua" e a corrida acabou. Quando nos pressionam a dizer que gostamos de vocês, a lisonja que vocês querem que nós sintamos é completamente afogada pela hidráulica do caminhão que está prestes a descarregar uma pilha de responsabilidade emocional em nossas mãos. Quando rola uma pressão, as coisas ficam meio esquisitas em nossa cabeça e a garota que não víamos a hora de despir torna-se a garota com uma quantidade assustadora de carências. Mesmo que você não seja isso, entramos em pânico num piscar de olhos. O negócio é que queremos saber que você é ocupada e damos sorte quando conseguimos lhe ver; daí quando você se mostra disposta a abrir mão de tudo por nós logo assim no início do jogo, ficamos apavorados. Apavorados porque parece que de repente temos que cuidar de você ou que você depende de nós para ser feliz e não sabemos como fazer isso. Essa pode não ser sua verdade; talvez você esteja só empolgada e seja honesta com seus sentimentos, mas é assim que reagimos. Quando alguém começa a pressionar ou demonstra umas carências que não temos certeza se podemos atender, nossos sentimentos em relação à pessoa mudam. De repente, deixamos de adorar a pessoa e somos tomados por uma dúvida na hora de responder à pergunta: "E aí, somos namorados mesmo ou o quê?" Vou lhe dar uma ideia visual de como é a carência: imagine que você esteja se afogando e a outra pessoa esteja puxando a perna de sua calça. Isso é assustador para os homens. Sim, sabemos que você já passou por isso também, mas nenhuma mulher gosta de um cara carentinho. Os seres humanos não gostam de ser pressionados, somos assim mesmo. Não dá pra mudar; é um instinto de sobrevivência. Cacete, até os cachorros dão umas voltas ao redor dos outros antes de cheirar o rabo. Agora me diga, isso não é sexy?

BISCOITINHO DA SORTE DOS RELACIONAMENTOS

A única coisa menos sensual do que uma carência esmagadora é fazer cocô nas calças.

O PIOR ENCONTRO DA HISTÓRIA ☹

Tinha uma colega lá do trabalho com que eu me dava muito bem e como ela estava saindo da empresa, eu me senti à vontade de convidá-la para sair. Fomos jantar em um clube de comédia. Até que foi bacana, mas graças a Deus havia outra pessoa falando. Estávamos conversando e rindo, mas ela parecia distraída e não parava de olhar para trás. Então, por fim, ela literalmente gritou: "Se vai ficar olhando pra outras mulheres a noite toda, por que não me leva pra casa?!" Sério, fiquei chocado. Peraí, não sou nenhum santo e já olhei para outras mulheres ao sair com uma garota, mas mesmo assim fui superdiscreto. Só que naquela noite eu não estava olhando para ninguém; na verdade, eu estava muito interessado na minha companhia e lembro-me de que tentei me certificar de manter o máximo de contato visual possível. Foi o que expliquei e ela parou por um instante e então disse: "Está vendo? Você está fazendo de novo." E ela então bateu com o garfo na mesa, e foi aí que percebi que ela estava se referindo à minha ambliopia – meu olho preguiçoso. Bem, acho que nem é preciso dizer que ela ficou muito sem graça quando expliquei o que estava acontecendo. Ela pediu desculpas e o resto da noite foi razoável. Nunca mais a convidei para sair em parte porque não gosto de mulheres que gritam, mas principalmente porque aquele encontro mostrou perfeitamente as inseguranças dela. Eu estava dando a maior atenção, só que ela ignorou a minha linguagem corporal e os comentários elogiosos que fiz, e só conseguiu se ater a uma garota imaginária lá atrás, que era mais bonita e melhor que ela. É mole? Se a mulher precisava de tanta segurança assim naquele jantar, já pensou o que estava por vir durante o namoro? Além do mais, eu sempre tive um olho preguiçoso, o qual ela poderia ter facilmente percebido se tivesse prestado tanta atenção em mim durante o dia quanto prestou naquele ambiente escuro do clube.

É só um cara, c*#ete!

* *Dá um tempo! Ele é só um cara. Só isso. E você não precisa de um cara para ser feliz. Com certeza é ótimo ter alguém com quem dividir toda sua grandiosidade, mas nem todo cara serve para você e, na verdade, pouquíssimos servirão. Você é seletiva porque não é carente e, como não é carente, você consegue decidir quem é o sortudo a sair com você. Afinal de contas, é só um cara; não é um bolo.*

O original e mundialmente famoso Livro de Exercícios das Campeãs

É hora de se controlar para que de agora em diante você possa agir de maneira calma e equilibrada quando for se encontrar com um cara. Para isso, precisamos descobrir do que você tem medo e por que sua necessidade de saber o que os outros estão pensando, sentindo e fazendo está arrasando com tudo de bom que você tem. Reflita um pouquinho e pense sobre essas questões antes de respondê-las:

1. O que você sente quando gosta de um cara?

2. Em que ponto a maneira como você gosta te deixa mais desconfortável do que empolgada?

3. O que é melhor: a ansiedade gerada pela conversa sobre "Que rumo isso aqui está tomando?" ou um encontro com uma amiga para irem à pedicure?

4. O que é melhor: levar um tempo tentando decidir o que vai pedir de um cardápio novo ou ser apressada por um garçom impaciente? Por quê?

5. O que é melhor: experimentar os sapatos que você vai usar muito para ver se eles são confortáveis e se ajustam bem aos seus pés ou gastar uma grana e pedir a Deus que eles não façam seus pés transpirarem nem causem bolhas?

6. Se o cara de quem você está a fim não corresponder ao sentimento, você:

    a) Tem um ataque cardíaco

    b) Vira criminosa

    c) Põe fogo no carro dele e passa seis dias no xadrez

    d) Fica decepcionada, mas supera assim que outro gatinho olha pra você

7. O que é mais interessante: namorar alguém que esteja mais ou menos a fim de você ou ficar solteira e continuar procurando o cara que esteja completamente apaixonado? Por quê?

8. Que importância tem para você o que ele está pensando ou sentindo?

9. Você acha que é cheia de defeitos porque ele não está na sua?

10. Você acha que nunca mais terá uma chance de encontrar alguém porque ele não está na sua?

11. Se ele não está na sua, você sente mesmo vontade de sair com ele?

Agora escreva cem vezes em um quadro-negro:

"Não serei uma pessoa carente ou maluca. Eu me concentrarei em como eu me sinto porque é isso que importa."

Olha só, amiga, o cara perfeito para você não será todo e qualquer gatinho que te convidar para sair. A vida é assim: gostamos de muitos, mas escolhemos apenas um. Então, é preciso que você entenda que o relacionamento *certo* é o que você está tentando encontrar e aquele que não vai lhe causar nenhum tipo de carência nem fará com que você perca a cabeça. Assim, quando baixar aquelas terríveis sensações de carência e insegurança, fique esperta, pois elas sinalizam que talvez esse não seja *o cara*, pois ELE não vai querer que você se sinta assim.

7

PRINCÍPIO NÚMERO 6
todo capacho dura uma vida, mas acaba no lixo

Estabelecendo alguns padrões e descartando as condições bobas

Muitas pessoas passam a vida estabelecendo condições desnecessárias que acabam impedindo-lhes de ter sucesso nas áreas mais importantes para elas. Entretanto, essas pessoas são as últimas a enxergar e admitir o problema. São aquelas que saem por aí bradando aos quatro cantos: "Ele tem que ser mais alto que eu e ter casa própria, senão estou fora." É mesmo? Por quê, hein? Tem medo que te vejam com um cara mais baixo? Nossa, quanta profundidade a sua. Por que ele não pode se mudar pra sua casa se as coisas ficarem sérias entre vocês? Ah, sim, talvez você não tenha sua própria casa. Faz sentido.

A galerinha chegada às condições bobas é formada de pessoas que geralmente criam uma lista de coisas que elas querem (e não querem) de um companheiro, então estabelecem parâmetros aos quais alguém deve corresponder para ser um parceiro ideal. A ideia parece até boa na teoria; é melhor do que não se ter nenhuma ideia do que se quer ou então simplesmente agarrar o primeiro filho de Deus que aparecer no bar no final da tarde, esperando que dê certo e que se torne um relacionamento. O problemas com essa *ideia* de condições preestabelecidas é que, *ao criá-las, você está trabalhando contra as propriedades e a natureza de um ótimo relacionamento,* e não dando espaço para ter um. **Estabelecer parâmetros para determinar o valor ou a viabilidade de alguém como um parceiro é o mesmo que achar que ele não tem outras áreas de valor que possam ser mais atraentes do que as ideias ou desejos que você tem.** E também dá a impressão de que o estado em que ele se encontra neste momento da vida será assim para todo o sempre. Imagine se o amor da sua vida for um assistente social que luta pelos direitos infantis e levanta uma grana preta para instituições de caridade, mas não tem muito mais que a camisa do corpo e mora num apartamentozinho alugado? Bill Gates não era tão rico como é agora e Clive Owen nem sempre foi esse gato maravilhoso que é agora. Pense bem nisso.

A GRANDE DIFERENÇA ENTRE PADRÕES E CONDIÇÕES BOBAS

Quando o assunto é arranjar um namorado, existe uma diferença entre ter seus próprios padrões e estabelecer condições tolas, embora muita gente ache que se trate da mesma coisa. Ter os próprios padrões é completamente diferente. "Como assim?" Que bom que você perguntou.

Os padrões se referem a como **VOCÊ VIVE SUA VIDA**, enquanto as condições bobas se referem a como **VOCÊ VÊ A VIDA DOS OUTROS.**

Ter padrões é viver sua vida em um alto nível e somente aceitar o que for de primeira qualidade – é levar uma vida de boas escolhas e altíssimo valor próprio.

As condições bobinhas **QUANTIFICAM** o patrimônio ou os atributos de outra pessoa para reafirmar o seu valor.

Os padrões nada têm a ver com cor de cabelo, coleção de discos, altura nem conta bancária. Referem-se a comportamentos toleráveis, como o tipo de relação que você deseja ter e a forma com que você quer ser tratada.

Os padrões fazem parte de um estilo; as condições não passam de papo-furado.

Os padrões são definidos como um nível de qualidade ou excelência aceito como a norma ou pelos quais se julgam os dotes e talentos reais. Eles fazem parte de seu estilo de vida. Ter uma lista de condições bobinhas parece uma forma garantida de lhe poupar de um relacionamento desastroso. Entretanto, a verdade é que a maioria das pessoas que têm essas listas acabam ficando para titia ou relacionando-se com alguém cujas qualidades como parceiro estão aquém do que elas desejavam. E que ótimo para o infeliz que acaba com uma pessoa dessas – um relacionamento baseado na ideia de que ele, como parceiro e pessoa, é melhor do que nada, mas ainda pior do que é na realidade. Isso deve ser muito bom para ambas as partes. Que linda história para se contar para os filhos. A verdade é que a maioria dessas condições não passam de exigências desnecessárias que você estabeleceu para se reafirmar e não têm muito a ver com a outra pessoa. Quando a relação é bacana e vale a pena, as coisas que você deseja acabam mesmo tomando forma.

Ainda está confusa com relação à diferença? Talvez isto lhe ajude...

PADRÃO: Não namoro alguém que beba tanto a ponto de me deixar sem graça.

CONDIÇÃO: Não namoro alguém que beba drinques de frutas de cor azul.

PADRÃO: Não namoro homens que nunca cumprem com sua palavra.

CONDIÇÃO: Se ele se esquecer de me ligar uma vez que seja, dançou.

PADRÃO: Não vou namorar alguém que não esteja emocionalmente disponível.

CONDIÇÃO: Só vou namorar o cara que tiver pelo menos 1,80m de altura.

Entendeu agora? Os padrões são um nível pelo qual você vive – ou, neste caso específico, namora – e os quais você não negociará. "Mas... isso não é uma condição?", você pergunta. Não, senhora. Os padrões não têm nada a ver com cor de cabelo, coleção de discos, altura nem conta bancária. Eles têm a ver com *comportamentos toleráveis, com o tipo de relação que você deseja ter e a forma com que você quer ser tratada.* Viver com um conjunto de padrões diz para o mundo: "É assim que opero." As condições dizem ao mundo: "Estas são as minhas exigências." As pessoas automaticamente pressupõem que já vivem com um conjunto sólido de padrões e na verdade é provável que vivam mesmo... exceto quando o assunto é namoro. Por algum motivo, tratando-se dessa área, as pessoas negociam seus padrões na esperança de que, em troca, consigam algo durável. Você não quer que sua relação seja da mais alta qualidade? Será que você não deveria esperar a mais alta qualidade da pessoa com quem você divide sua vida e do relacionamento no qual você se apoia nos melhores e piores momentos de sua existência?

Viver e namorar com padrões significa exigir de si e de quem lhe cerca uma atitude e um comportamento que corroborem um altíssimo nível de vida (e não estamos nos referindo ao lado material da coisa)... e também elimina todas as baboseiras e mentiras, e nem tente discordar nesse ponto. Se quiser um relacionamento com alguém que lhe honre e respeite e vice-versa, você deve operar em um nível que lhe torne merecedora dessas coisas. Como se faz isso? Bem, vamos pensar um pouquinho.

VOCÊ VAI PRECISAR SER...

ALGUÉM QUE VALORIZA TANTO A SI MESMA QUANTO A PESSOA COM QUEM QUER ESTAR. (Afinal, quem é o partidão que concorda em ficar com o sr. ou a sra. Grude, alguém carente que não se sinta merecedor(a) de sua companhia?)

ATENCIOSA E GENEROSA, MAS QUE ESPERA A MESMA COISA DA OUTRA PESSOA. (Tipo: "Eu coço suas costas e você sai à caça de um doce de leite às quatro da manhã.")

RESPEITOSA E HONESTA COM OS OUTROS E EXIGE A MESMA COISA EM TROCA. (Por favor, essa tá na cara, certo? Não? Querida, você está ferrada.)

ALGUÉM COM SENSO DE PROPÓSITO E QUE ATRAI PESSOAS COM PROPÓSITO E NÃO PESOS MORTOS E CODEPENDENTES. (Café é só para quem vende. Assista ao filme *O sucesso a qualquer preço* para maiores informações... ou deixa pra lá. Simplesmente encontre alguém com um senso de propósito e você entenderá do que estamos falando. Você encontrará alguém assim no departamento supercampeão do seu mercado local.)

ALGUÉM QUE SE CERCA DE EXCELÊNCIA, QUE HONRA SEU VALOR PRÓPRIO, SEJA UMA CASA LIMPINHA, UM VISUAL MUITO DESCOLADO OU UM CÍRCULO DE BONS AMIGOS. (Reparou que não dissemos porcalhona desempregada com uma coleção de cabeças de Barbies?)

ALGUÉM QUE INSPIRA RESPEITO E NÃO TOLERA NENHUM DESRESPEITOSO, SEJA O GATO QUE A CONVIDOU PARA SAIR, UM CHEFE, UM AMIGO OU UM PARENTE. (Todo capacho dura uma vida, mas acaba no lixo. É triste, mas é verdade – pergunte pro seu tapetinho. A propósito, se tiver um tapetinho na sua porta, é sinal de que você é uma pessoa que se honra.)

Pense em suas convicções, no que você representa no mundo, como suas amizades existem e o que você espera de um relacionamento. Então, saiba que as exceções que você abre e as desculpas que inventa para os outros, rebaixando seus padrões, só vão grudar os dentes no seu traseiro mais tarde. Sabemos por experiência própria e temos ainda as marcas das mordidas para provar.

MAS GREG, TENHO ALGUMAS DÚVIDAS

e se eu souber o que quero independentemente do que você chame?

Querido Greg,

Sei muito bem o que quero da vida e de um relacionamento e não abro mão. Daí, quando saio com alguém pela primeira vez, parto para os finalmentes e digo logo ao cara o que estou procurando, quais as minhas condições (por exemplo, ele tem que adorar viajar, deve ter intenção de se casar, tem de adorar gatos etc.) para que a gente não perca muito tempo caso não haja compatibilidade. Não gosto de fazer joguinho e alguns caras desanimam com minha honestidade, mas outros sentem-se agradecidos por eu não fazê-los perder tempo. Minhas amigas acham que sou louca e que estou arruinando minhas chances de receber um convite para um segundo encontro. Acho que estou me poupando da angústia de me apegar a alguém que tenha objetivos diferentes dos meus. O que você acha?

Josie
Manchester, Inglaterra

Querida dona Cricri,

Acho uma ótima ideia. Na verdade, acho até que você deve exigir uma certidão negativa de débito, o teste do bafômetro e solicitar três referências que não sejam parentes. Aproveite e leve o seu gato de estimação para o encontro de forma que você pareça completamente insana e acabe ficando apenas com o bichano. Veja bem, sei que parece que você está tentando fazer a coisa de forma inteligente, mas na verdade está afastando os caras e limitando a maneira com que você percebe a si mesma e qualquer potencial interessado. E no fundo você está fazendo um jogo, chamado "O que posso fazer para não me magoar?". Quando se encontra alguém que tem seus próprios interesses, não há como dizer que não vamos expandir os nossos e vice-versa. Você está deixando de considerar o seguinte: quando é uma boa combinação, as pessoas evoluem ao se unirem e quando você coloca alguém para correr limitando-o à sua visão tacanha de compatibilidade, você é quem está pisando na bola. Porque ele irá embora e encontrará uma garota mais flexível e aventureira com a qual ele evoluirá enquanto você ficará sozinha, mas protegida. Além disso, colocar alguém para correr é a maior sacanagem...

será que é muito tarde para estabelecer padrões?

Querido Greg,

Como faço para dizer a um cara com quem tenho saído há dois meses que não concordo com algumas coisas com as quais fingi concordar no início? Gosto muito desse cara, que se encaixa direitinho no meu conceito de homem ideal (bom emprego, não usa drogas, tem casa própria e é bonitão), daí fiz vista grossa para algumas coisas que achei que não me incomodassem tanto. Naquele momento pareceu justo em função do que ele me oferecia, só que agora não estou aguentando. Depois de nosso primeiro encontro, ele disse que em vez de ir me pegar, seria mais fácil se nós nos encontrássemos direto nos restaurantes, pois eu moro do outro lado da cidade. Concordei porque pareceu lógico, mas agora fico com a sensação de que o cara acha que é muito trabalho dirigir mais quinze minutos para me pegar, e que não mereço o esforço. Ele me disse que prefere que eu vá dormir na minha casa pois ele dorme melhor sozinho e precisa de uma boa noite de sono para trabalhar bem no dia seguinte. Daí toda vez que voltamos para a casa dele e a gente transa, fico achando que ele não tira os olhos do relógio, só esperando que eu vá embora. É muito chato, mas o relacionamento está indo bem e sei que ele não está saindo com outra, mas é cheio de manias. Você acha que essas manias são condições bobas? Como renegocio os termos de nossa relação?

Arabelle
Paris, França

Querida Faz de Conta Que Eu Gosto,

Melhor abrir o jogo, menina. Você estabeleceu um padrão muito baixo e agora está sofrendo na pele as consequências. E como você mesma colocou, ele não tem culpa. O cara está achando que é assim mesmo e que está tudo bem. Só que foi pura enganação, né? Você vendeu para ele uma imagem de quem não exigia algumas das regras básicas do namoro. Agora você vai ter de colocar as cartas na mesa e dizer que mudou de ideia e compreender se ele se recusar a mudar. Quanto às exigências dele, como por exemplo, que você vá dormir na sua casa, por que permite que ele decida o que é bom para você? Todo relacionamento envolve negociações em que tenta-se satisfazer as necessidades de ambas as partes. No futuro, deixe claro o que você quer desde o começo e não terá erro.

religião é um padrão ou uma condição boba?

Querido Greg,

Tenho 29 anos, sou judia e solteira. Na minha família não somos judeus clássicos na medida em que gostamos de um diazinho a mais de folga do trabalho; mas somos judeus clássicos na medida em que minha mãe faz questão que eu me case com um judeu para que ela não morra do coração e que a Torá não pegue fogo ou aconteça alguma outra coisa ruim. Não estou dizendo que não vou me casar com um judeu, mas estou aberta às possibilidades de encontrar o melhor namorado e deixar para pensar em religião mais tarde. A religião é uma condição boba ou um padrão? Neste caso particular, o que define a diferença?

Eliza
Oxford, Inglaterra

Querida Incendiária de Sinagoga

Você é quem decide. A fé geralmente estabelece um padrão que resolvemos seguir. Por experiência própria, na minha casa nunca fomos religiosos. Quando eu tinha 33 anos, parei de encher a cara e transformei minha vida em um "poder maior do que eu mesmo" e sigo um conjunto de princípios espirituais. Antes de me casar, eu só namorava garotas que não bebiam, achando que fossem as únicas que me entenderiam. Bem, acabei descobrindo que estava errado. Foram as relações mais voláteis que já tive. Então finalmente eu me flexibilizei, passei a namorar outras garotas e acabei conhecendo alguém mais espiritualmente compatível do que qualquer outra. Então decidi escolher a pessoa que me fez sentir mais espiritualmente coerente do que minha própria fé. Você pode não concordar mas quanto mais estreitamos a porta, menos pessoas entram.

e se uma condição boba for injusta?

Querido Greg,

Estou saindo com o Matthew há sete meses e achei que as coisas não iam bem, mas que estávamos definitivamente caminhando na direção do altar. Fomos feitos um para o outro: nos damos superbem, temos o mesmo senso de humor e o sexo nunca foi tão bom em toda minha vida. Então dá para imaginar a minha surpresa quando ele terminou comigo com a desculpa de que eu era mais alta que ele. Que diabo é isso, gente? Como minha altura pode justificar o término de uma ótima relação? Até parece que eu era mais baixa quando nós nos conhecemos e começamos a namorar! Não aumentei nem diminuí de tamanho desde que ele me paquerou pela primeira vez; aliás, eu estava até de salto alto naquela noite, pode? Só que ele disse que não havia condições de ele se casar com uma mulher mais alta e que embora ele me ame, a altura é uma condição importante. O que posso fazer?

Delphine
Madison, Wisconsin

Querida Delphine, A Arrasada,

Infelizmente tem pessoas que abrem mão de grandes relacionamentos por causa de ideias preconcebidas e tacanhas com relação a como deve ser o parceiro ideal. Embora seja uma droga estar no seu lugar, parece que você escapou de uma furada bem a tempo. Quem quer passar o resto da vida com alguém que se recusa a amar por causa da altura do parceiro? Ou talvez ele se sinta inferior ao seu lado e não consiga superar isso. Não temos como controlar a maneira com que alguém nos faz sentir em relação a nós mesmos. De qualquer forma, você se livrou de um futuro catastrófico ainda que tenha tido uma história bacana. As melhores coisas da vida vêm em pacotes completamente diferentes de nossa expectativa, mas algumas pessoas resistem a essa ideia até a morte. Lembre-se de que algumas das mais lindas mulheres no mundo são altas. Já ouviu falar em modelos?

DO OUTRO LADO DA CERCA
quando devo me comprometer?

Caro Greg,

Para mim, tem garotas com quem o cara se diverte e outras que ele leva pra conhecer os pais, entende? Como não perco nenhuma oportunidade, já consegui determinar com precisão minhas ideias da mulher perfeita com a qual me casarei assim que a encontrar. A mulher perfeita trabalha fora, tem sua própria vida e se sustenta. A mulher perfeita sabe contar e aceita piadas, joga basquete a dois e sabe a diferença entre os esportes mais importantes. Ela tem que adorar transar e ser boa de cama, mas não pode ter dado para mais de dois caras ao ano depois dos dezoito aninhos. É mais forte do que aparenta (emocional e fisicamente), sua inteligência deve superar sua beleza e ela deve ser leal aos amigos e, acima de tudo, à família. Eu e meus amigos chamamos essa lista de Os Dez Pontos da Perfeição, mas já fazem alguns anos que estou chupando dedo. Perguntei para as minhas irmãs em que pontos eu devo fixar, mas elas fizeram cara feia e me desafiaram a perguntar a você. E aí? Relaxo ou insisto?

Lucas
Wichita, Kansas

Caro Bobo Alegre,

Você se esqueceu do tipo de garota que você permite que lave sua caminhonete. Tenho certeza de que você é perfeito... só que meio burrinho e com poucos talentos. Boa sorte, meu camarada.

A GAROTA QUE PISOU NA BOLA

Eu vinha dando umas "saidinhas" com uma gata que achava incrível. Bonita, sensual, tranquila e muito inteligente. Tínhamos muito em comum e rolava a maior química entre nós. Passei vários meses tentando fazer com que ela me promovesse a namorado e levasse o nosso lance a sério. Ela sempre dizia que não conseguia ainda imaginar nada sério, e que não tinha condições de dedicar tempo e esforços porque andava muito ocupada no trabalho. Fiz tudo certinho. Tratei-a como rainha, sempre fiz pequenas coisas para deixar claro que eu pensava nela, mantive-me disponível e mostrei o maior interesse.

Então, uma bela noite, depois de uns "gorozinhos", como ela gostava de chamar (seu único defeito), ela finalmente admitiu que não topava ser minha namorada porque jamais conseguiria namorar um cara que não ganhasse mais que ela. Essa declaração foi como um soco no estômago.

Ali estava eu, apaixonado por uma garota, e ela não me respeitava por causa do meu salário? Naquela época eu estava abrindo uma empresa de marketing on-line em minha quitinete que ela achou se tratar de uma desculpa para não ter um "emprego de verdade". Então foi isso e já se passaram quase cinco anos. Bem, eu a vi num evento que minha empresa está promovendo e ela se aproximou de mim e perguntou como eu estava. Cara, foi o melhor momento da minha vida quando olhei bem no fundo dos olhos dela e disse: "Tudo ótimo. Acabei de vender minha empresa por vinte milhões e comprei um jatinho semana passada. E você, como vai?" Meu irmão, a mulher ficou cinza. Daí, nas três semanas seguintes, ela me deixou sete mensagens de voz e me enviou mais ou menos uns trinta torpedos, nenhum dos quais foi respondido.

Jonah
Laguna Beach, Califórnia

TALVEZ OS CARAS ESTEJAM CERTOS

A maioria dos meus relacionamentos desde a faculdade tem sido um tremendo fiasco e eu me considero uma pessoa relativamente tranquila. Sempre consegui fazer vista grossa para o único ou para os quarenta defeitos do cara, se ele fosse uma boa pessoa. Então finalmente percebi que os caras com quarenta defeitos ou mais estão longe de ser os melhores partidos. Aí decidi que precisava avaliar e atualizar meus padrões. Descobri que o problema não era que meus padrões fossem baixos; eu simplesmente não os respeitava, ou pior ainda, eu permitia que outras coisas passassem por cima deles ou compensassem pelo que estava faltando. Se eu estivesse namorando um cara que nunca tivesse conseguido se manter monogâmico, mas que fosse convincente ao me dizer que achava possível conseguir ser fiel a mim, então eu abria uma exceção ao meu padrão "Não namorar galinhas". O que acha que isso me custou? Isso foi há nove meses quando reconheci os vacilos que eu estava dando e decidi que não ia mais abrir mão de meus valores, com uma nova regra "Nada de Exceções" em meus padrões. Não vou negar que tem sido brabeira, pois são raríssimos os caras que vivem ou fazem escolhas que combinem com o nível de meus padrões. ENTRETANTO, os poucos bons que conheci são muito melhores do que os que namorei antes. É uma reviravolta total da qualidade sobre a quantidade. Embora neste momento eu esteja na pista, sei que quando arranjar alguém, viverei um relacionamento bacana, pois terei finalmente escolhido um cara capaz de se relacionar decentemente porque será uma pessoa que também terá seus próprios padrões.

Marissa
Edinburgh, Escócia

QUANDO EU ERA SOLTEIRA
AMIIRA

Eu vivia negociando meus padrões. Negociava pelo trabalho, pelos amigos, para ser aceita e certamente por amor, quase amor e até mesmo uma afeição. Quando olho agora, vejo com clareza as coisas que eu não conseguia enxergar ou não queria ver nos homens que eu escolhia. Suas limitações óbvias, defeitos incorrigíveis de caráter ou completas transgressões e minha *escolha* em não enxergá-las. Não era cega nem idiota com relação aos homens... era pior que isso. Era descuidada e desatenta por opção. Era capaz de perdoar cem pecados seus se você me fizesse rir. Ótimo senso de humor lhe garantia o maior cartaz comigo e não tenho orgulho disso. Só não ache que não sofri por ser tão bobona porque comi o pão que o diabo amassou com alguns desses rapazes que, apesar de subdesenvolvidos, eram divertidos e engraçados. Eu estava convencida de que podia preencher as lacunas desses caras ou endireitá-los, ou ajudá-los a crescer ou qualquer que fosse a deficiência que eu tivesse detectado. Sabe o que aprendi depois de milhares de decepções? É impossível endireitar ou mudar as pessoas; a única coisa que dá para fazer é arrumar as malas e dar o fora se não estiver funcionando para você. Embora eu tenha várias vezes questionado a teoria de que "não se muda ninguém", concluí que ela era verdadeira. Então, em vez de tentar endireitar ou mudar os outros, passei a me concentrar no que estava rolando comigo mesma. Descobri que minha autoestima tinha levado algumas cacetadas, que eu buscava reafirmações vindas de homens ferrados e que não basta ser engraçado e divertido – é preciso ter conteúdo. Reavaliei todos os meus antigos relacionamentos e pensei naqueles homens, seus defeitos e limitações e nos meus também e fiz uma lista mental dos lugares onde eu nunca mais iria parar. Eu jamais voltaria a ficar emocionalmente disponível ou paralisaria minha vida. A mentira compulsiva e as ações covardes foram retiradas de minha lista de cartões de Natal. Eliminei qualquer possibilidade de encontro com os caras desequilibrados ou incapazes de assumir compromissos.

Fiz o mesmo com os egoístas e os insensíveis. Mas sabe o que retornou com toda pompa? Meu valor próprio. As coisas que verdadeiramente valorizo e um padrão mais alto o qual opto por seguir. Foi então que minha vida mudou de boa para ótima. Podemos exercer o controle total da maioria das coisas importantes que determinarão nosso caminho na vida e esses são os padrões que *decidimos* seguir.

REFLEXÕES DA CIDADE DOS CUECAS

Devo admitir que conheço algumas coisinhas sobre padrões. Provavelmente porque antes eu não tinha nenhum mesmo. Bem, justiça seja feita, eu sabia qual tequila combinava melhor com tequila e que à noite é sempre bom dormir sob um teto. Não interessava na cama de quem. Deixe-me lhe dizer uma coisa: uma vida sem padrões pode acabar muito mal. Aos 33 anos de idade, decidi parar de beber. (Lembra?) Isso não me torna especial, simplesmente foi a escolha certa para mim. Em uma das reuniões que compareci no esforço de me manter sóbrio, alguém disse: "Junte-se aos vencedores." Acho que isso significava que era melhor sair com pessoas que tenham o que você deseja na vida, pessoas que seguem um ideal e os princípios com os quais você se identifica. Naquela tarde, enquanto andava pelo shopping olhando as coisas que eu não tinha condições de comprar, eu me encontrei com um vencedor. Uma torradeira. "Voltou a beber, maluco?", você deve estar se perguntando. Não! Na verdade, muito pelo contrário. Algumas pessoas chamam essa experiência de momento de lucidez.

Eu olhava para uma vitrine de uma loja de eletrodomésticos quando vi, em toda sua glória brilhante e polida, uma linda torradeira de aço inoxidável, com capacidade para quatro fatias. Daquele tipo com duas aberturas bem largas que, segundo o vendedor, não se limita a fazer torradas e faz até sanduíches. Por algum motivo, esse eletrodoméstico com toda sua destreza em torrar me pareceu extraordinário. Sei que parece loucura e talvez tenha sido mesmo, mas eu tinha parado de beber havia pouco tempo e estava tentando manter o equilíbrio, que se encontrava na corda bamba. Aquela pareceu ser a versão mais evoluída e turbinada de torradeira do mundo. Seu próprio design carregava um senso de orgulho e dignidade. Aquela torradeira não se contentava a simplesmente fazer torradas – ela simbolizava um estilo de vida. Devido à sua estética, essa torradeira desafiava tudo ao seu redor a ter o mesmo padrão de excelência. Senti que a torradeira me pedia para responder a perguntas do tipo: "Quem é o dono desta torradeira e como é sua vida? Quem é a garota que namora o dono desta torradeira e que tipo de vida eles têm quando estão perto da torradeira comendo torrada e/ou sanduíches?" Senti que em seu design essa torradeira defendia uma vida melhor. Afinal de contas, não é esse o objetivo de um ótimo design? Na verdade, aquilo foi tão inspirador que por vários dias não consegui pensar em outra coisa e nem senti vontade de beber. Senti vontade de escrever – o que eu jamais fizera, com exceção do meu número de telefone em guardanapos. Arranjei um emprego porque eu queria comprar aquela torradeira e pagar o aluguel, o que parecia uma prioridade enorme para o cara com quem eu dividia o apê. Esses caras são sempre chatos. Com o tempo escrevi um monólogo sobre a situação intitulado *Mantastic* que acabou virando um especial na HBO – na verdade, o mesmo especial que convenceu minha esposa a aceitar meu convite para sair. Enviei uma cópia para ela, o que não recomendo que ninguém faça. E hoje, a linda torradeira de aço inoxidável, com capacidade para quatro fatias, com duas aberturas bem largas, que não se limita a fazer torradas e faz até sanduíches, encontra-se bem aqui na minha cozinha, fazendo torradas para as minhas meninas toda manhã. Entretanto, mais do que isso, ela me lembra diariamente de quem eu sou, de quem quero ser e que devo respeitar o alto nível que minha existência necessita. É o padrão que sigo, pois sou o dono da minha vida. Aceita uma torradinha?

BI/COITINHO DA /ORTE
DO/ RELACIONAMENTO/

Viva bem e o mundo abrirá /ua/ porta/. Viva mal e o mundo a/ fechará na /ua cara e voltará a jogar carta/ com o/ amigo/.

O PIOR ENCONTRO DA HI/TÓRIA ☹

Eu vinha experimentando os namoros virtuais, já que não chovia muito na minha horta no mundo real, e vinha dando sorte. Muitos caras liam meu perfil e me mandavam "piscadinhas" e comecei a trocar e-mails com alguns deles. Com o tempo, fui estreitando o campo (se é que pode-se chamar três pretês de campo) até chegar a um cara que se encaixava, feito um milagre, em todas as coisas que eu procurava em um homem e eu me encaixava em todas as coisas que ele procurava em uma mulher – menos a cor do cabelo, pois ele preferia morenas e eu sou loira. Trocamos vários e-mails e acabamos passando a nos falar por telefone, rolando então uma química muito maior do que pela internet. Pensei que tivesse dado uma sorte danada. Conversamos sobre o tipo de futuro que podíamos ter juntos e ficamos muito empolgados porque a coisa fluía de maneira perfeita. Decidimos marcar um encontro real e quando ele chegou, fiquei aliviada ao ver que era idêntico à foto do perfil. Saímos para jantar, o que no início foi ótimo, só que ele foi grosseiro com o garçom – tão grosseiro que cheguei a deixar uma nota de vinte dólares embaixo do meu prato para o coitado. Depois fomos ao cinema, mas, quando estávamos na fila da pipoca, ele descaradamente maltratou o atendente. Disse, em voz alta o bastante para o cara ouvir, que o atendimento estava muito lento e que o cinema deveria ter contratado algum portador de deficiência. Foi horrível. Fiquei com tanta vergonha que, quando chegou a nossa vez, pedi mil desculpas ao rapaz, que explicou que eles estavam tendo um probleminha técnico com as caixas registradoras. Meu companheiro ficou pau da vida comigo e não parou de falar nisso durante o filme, em um tom que eu não ouvia desde quando fui pega roubando na oitava série. Então, quando pediram-lhe para falar baixo, ele mandou o pessoal tomar naquele lugar e mandou todo mundo cuidar da própria vida. Eu queria sumir dali. Ali estava o cara que eu pensava ser tudo que eu desejava em um homem – atendia a todas as minhas expectativas –, algo que nunca me acontecera antes, e, no fim, ele se mostrou o pior sujeito com quem eu tinha saído na vida e que maltratava todos com quem cruzava. Eu nem tinha pensado em colocar na lista "Nada de cara grosseiro" porque imaginei que fosse óbvio, mas, pelo visto, não. Nem preciso dizer que nosso encontro terminou abruptamente depois disso porque saí do cinema no escuro, o bloqueei do meu perfil na internet e do meu celular. Moral da história: meus padrões para o que é certo com relação ao comportamento humano são mais importantes do que minhas condições bobinhas ou listas de desejo.

É só uma p*@#a de padrão!

* *Você sabe o que quer. Sempre soube. E caso não se lembre, deixe-nos lhe dizer.* Você quer ser feliz e ter uma relação em que você se sinta confortável com o parceiro porque você escolheu alguém que honra sua essência. Vai ser mais difícil para você encontrar felicidade se ela se basear em condições tolas, como altura ou cor dos olhos. Então, estabeleça padrões realistas e alcançáveis para quem estiver à procura de algo muito bacana, independente de cor de cabelo ou renda anual. Acredite: sua vida melhora como um todo quando você segue um conjunto de padrões que sinalizem às pessoas como tratar você.

O original e mundialmente famoso Livro de Exercícios das Campeãs

Agora que leu sobre as diferenças entre Padrões e Condições, vamos ver se você consegue dizer quem é quem.

1. O cara tem que ser ruivo do cabelo encaracolado.
2. O cara tem que acreditar em Deus.
3. O cara tem que ter viajado para o exterior.
4. O cara tem que acreditar no Bon Jovi.

5. O cara não pode comer carne vermelha.
6. O cara tem que saber falar mais de uma língua.
7. O cara tem que ter casa própria.
8. O cara tem que gostar de comida indiana.
9. O cara tem que ter menos de 45 anos.
10. O cara não pode ter nenhum sinal de calvície.
11. O cara tem que gostar dos meus filhos.
12. O cara tem que ligar quando disser que vai ligar.
13. O cara não pode usar drogas.
14. O cara tem que ter ambição.
15. O cara não pode ter amigas.

Vire a página de cabeça para baixo e confira as respostas.

RESPOSTAS:
1,3,4,5,6,7,8,9,10 e 15 SÃO TODAS CONDIÇÕES.
2,11,12,13 e 14 SÃO TODAS PADRÕES.

8

PRINCÍPIO NÚMERO 7
não mostre o filme
antes do trailer

Expectativa, sedução e a bela arte de esperar para transar

Olha só uma ótima forma de se pensar em sexo e nos encontros. Pense em si mesma como um filme, um sucesso de bilheteria ou, mais especificamente, imagine que transar com você seja um sucesso de bilheteria. Agora pense bem: você não vai deixar que este filme, ansiosamente aguardado, estreie assim, sem nenhuma festa, confete e serpentina, vai? E os comerciais de TV? O trailer? Menina, se liga! "Não mostre o filme antes do trailer" é uma filosofia e uma estratégia, tudo em uma coisa só. Feche os olhos. Agora imagine que seja Natal e que você esteja num cinema para ver um filme ma-ra-vi-lho-so! Você se acomoda em seu lugar, com sua pipoquinha, pastilha de hortelã e uma Pepsi Diet... então as luzes se apagam, as cortinas se abrem e BUM! Aparece na tela uma versão gigantesca do logotipo do Batman, que desaparece tão rapidamente quanto apareceu e então você vê os números 06.07.09. A coisa toda dura menos que dez segundos, mas é excitante. Trata-se do *teaser*, um tira-gosto que antecede o trailer. O *teaser* é uma forma extremamente eficaz de avisar ao público que algo maravilhoso está para acontecer. A expectativa é o maior afrodisíaco do mundo. Então, amiga, se você gosta do gato e deseja que a coisa vingue, então não lhe mostre o filme inteiro assim logo de cara. Deixe que ele sinta a emoção do *teaser* antes, como, por exemplo, um beijo bem "caliente" e demorado e as indiretas, mencionando o que está por vir. O *teaser* dá a ele uma completa compreensão de que sim, você gostaria de lhe mostrar o longa-metragem, mas que ainda falta muito para a estreia.

Aí vem o trailer — uma prévia de dois ou três minutos das partes mais empolgantes, emocionantes e sensuais do filme, editadas ali, uma atrás da outra, de forma a lhe contar o suficiente sem revelar o final, na esperança de que você aguarde ansiosamente a estreia. Dar uns amassos sem tirar a lingerie é um ótimo trailer. O objetivos do *teaser* e do trailer é dar uma valorizada no filme em si (a primeira vez em que vocês transam). Ninguém aqui está sugerindo que você se mantenha casta até a noite de núpcias; o que estamos dizendo é que existe um valor real em se criar certa expectativa com relação ao evento, muito melhor do que simplesmente mandar brasa. Quando a gente transa logo de cara, ignora a importância e a delícia das preliminares e da expectativa, que são algumas das partes mais deliciosas da experiência sexual. Esta parte, a novidade, o começo da relação, só rola uma vez — NÃO DÁ PARA TER OUTRA. Por que você iria querer apressar as coisas quando pode prolongá-las e deliciar-se com cada segundo da experiência? Existe apenas *um* primeiro beijo, *um* primeiro toque, *uma* primeira transa — por que não tornar cada um deles inesquecível, acrescentando uma pitada de expectativa? Sério. Você já está sabendo da última? A velocidade da luz só serve para o programa espacial.

O sexo é a parte em que o pessoal mais se ferra (o trocadilho é intencional). Quando se transa **cedo demais** com alguém de quem se gosta muito, há uma boa chance de ferrar com o relacionamento. O problema é que quando as pessoas desejam um relacionamento sério, elas acabam transando de maneira casual demais, na esperança de que isso agilize o processo e crie uma intimidade quando na verdade o efeito é sempre contrário. O sexo é uma coisa muito íntima e não podemos subestimar seu poder sobre duas pessoas que mal se conhecem. O sexo muda as coisas, mesmo que você não queira ou continue a fingir que não muda. Os sentimentos mudam depois que o casal transa. Às vezes os pombinhos se sentem mais próximos, às vezes, esquisitos, outras vezes eles se sentem confusos e algumas vezes sentem o começo do fim. Por isso, siga nosso conselho: não há como se dar mal ao deixar o sexo para depois de conhecer melhor o gato; mas é quase certo que você se dê mal ao transar cedo demais. Conversamos com todos os caras que conhecemos e todos eles concordam que o sexo muda a forma com que eles se sentem em relação às mulheres. (Nossa, que revelação, gente!) Mas o interessante é que muitos dos caras com quem falamos disseram que várias vezes, quando transam com uma garota que eles não conhecem muito bem, assim que a coisa termina, eles se desinteressam e não entendem por que isso acontece, já que a menina continua sendo a mesma de antes. Nem sempre as pessoas sabem o porquê da mudança interna e nem sempre é intencional, mas o sexo aperta o botão "me tira daqui" em muitos homens (e mulheres também), mas isso acontece menos com aqueles que pegam leve e vão mais devagar.

    Não somos e jamais fomos contra o sexo casual. Na verdade, achamos que é isso que você deve fazer desde a faculdade até uns 45 anos de idade. Ah, tá bom, vai... não é verdade. Acreditamos que se você se sente confortável com sexo casual, então manda ver, amiga! Quando utilizado de maneira apropriada, o sexo casual pode ser uma ótima ferramenta de aprendizagem à medida que, com o tempo, o desejo de se envolver seriamente com alguém vai despertando dentro de você. (Além disso, você aprende a fazer alguns malabarismos interessantes na cama!) Estamos falando de duas coisas bem diferentes aqui, então, é melhor deixar tudo muito claro. Uma coisa é "Estou muito a fim deste cara e quero transar com ele". Outra coisa é "Só estou procurando alguém para fazer uma festinha do cabide a dois". Se o seu caso se encaixa na primeira categoria, você precisa decidir qual o melhor momento para transar. Antes de se conhecerem? (PROVAVELMENTE NÃO/NÃO MESMO!) Depois de se conhecerem um pouquinho melhor? (TALVEZ, MAS NA VERDADE

NÃO.) OU depois que vocês dois estiverem emocionalmente dispostos, o suficiente para não se assustarem ou tornarem a relação baseada no sexo? (COM CERTEZA, SIM!) Gostamos da ideia de elaborar uma lista mental de coisas que você só conhece com relação a uma pessoa depois de ter investido um bom tempo com ela. Uma vez que você conhece os detalhes das coisas em sua lista e muitas outras informações importantes, você conhecerá muito melhor o seu futuro parceiro sexual e provavelmente terá mais carinho por ele. E isso deixará o sexo melhor ainda, menina!

EXEMPLO DE LISTA MENTAL

* Como ele toma café.
* Que comerciais o irritam e quais o deixam nostálgico.
* Como ele chama a avó e como a avó o chama.
* Como foi o baile de formatura do ensino médio – tim tim por tim tim.
* O maior mico que ele já pagou.
* O que ele a-do-ra fazer aos domingos quando não está tentando te impressionar.
* O que ele sabe a seu respeito. (Ele sabe qual é a sua profissão? Sabe o seu sobrenome?)
* Como ele age e se comporta depois de dez encontros. (Te peguei!)

Amiga, o que não falta por aí é garota que topa uns amassos casuais com os caras, mas você é quem tem que decidir se quer ser essa garota. Se você estiver a fim de alguém e quiser investir numa relação bem bacana... NÃO SEJA ESSA GAROTA.

MAS, GREG, TENHO ALGUMAS DÚVIDAS

e se eu tiver esperado e mesmo assim ele tiver me dado um pé na bunda?

Querido Greg,

Vi você e sua esposa no *Today Show* e vocês disseram alguma coisa sobre esperar para transar com um cara se gostarmos mesmo dele. Bem, fiquei supertocada. Na época eu estava me apaixonando pelo Pete, um músico ridiculamente delicioso. Greg, não sou nenhuma idiota e eu não ia transar com ele logo de cara só porque ele era membro de uma banda, mas então depois do que você disse, decidi que ele deveria suar mais um pouco a camisa. Esperamos quase dois meses! Para ser sincera, não foi exatamente por minha vontade, mas é que ele volta e meia pegava a estrada para fazer shows. Bem, finalmente transamos e foi maravilhoso. Fiquei superfeliz por termos esperado. Eu nunca fiz isso antes. Mas adivinha só, Greg? Três dias depois da grande noite, ele me deu um fora. Ou seja, EU ESPEREI e mesmo assim ele me deu um pé na bunda logo depois que transamos.

Nova,
Nova York

P.S.: A banda dele é uma droga.

Querida Tiete Apaixonada,

Obviamente não se pode garantir nada nesta vida e as pessoas (sobretudo músicos) às vezes são esquisitas mesmo. (Caso não acredite em mim, faça uma pesquisa na Wikipédia.) Dito isso, você não está feliz por ter tentado fazer a coisa certa? Teria sido melhor se vocês tivessem transado no terceiro encontro e então ele desaparecesse e você ficasse pensando o que poderia ter feito de errado para que a coisa terminasse desse jeito? Você respeitou a si mesma e a situação e deve se orgulhar disso. Você tentou conhecer alguém melhor antes de se tornarem íntimos – é uma forma inteligente de se viver. Sei que isso não alivia a dor, mas alguns caras só estão a fim de bimbar mesmo, fazer o quê? Mas isso não quer dizer que você não seja uma ótima pessoa. Com o tempo você conseguirá tornar-se uma pessoa que leva a vida de forma diferente e acho que atrairá um cara melhor ainda da próxima vez, ou pelo menos um que seja membro de uma banda mais legal.

e se a gente ficar sem se ver por dois meses?

Querido Greg,

Conheci um cara supermaneiro pela internet. O problema é que moramos em cidades diferentes – o que parece ser comum. Ele mora em Libertyville, Illinois e eu, em San Carlos, Califórnia. Nós nos correspondemos na rede por um mês e depois passamos a nos telefonar, trocar torpedos e mensagens instantâneas. Estamos sempre em contato, o dia todo, todos os dias. Já trocamos diversas fotos (ambos vestidos, rs) e rola uma atração recíproca. Aí vai minha pergunta. É claro que nossos torpedos e e-mails ficaram mais quentes e sensuais. Agora ele virá passar o fim de semana comigo. Vai ficar num hotel, mas tenho a impressão de que vamos querer transar, embora seja a primeira vez que nos encontraremos pessoalmente. Será que é vacilo? Não quero perder este cara, mas será que ainda é cedo demais? E se a gente ficar sem se ver por mais dois meses?

Bethany
San Carlos, Califórnia

Querida Namorada Cibernética,

Acho que é o maior vacilo sim, e vou lhe dizer por quê... é que este será seu primeiro encontro de verdade. É provável que quando ele sair do avião as coisas se tornem bem verdadeiras para vocês e talvez até um pouco esquisitas, pois será nesse momento que ele se tornará uma pessoa. Na verdade, aposto como vocês só vão começar a ficar à vontade no meio do caminho e só então você saberá se vale a pena ficar com ele. O sexo muda as coisas, muda mesmo, e neste exato momento você está no caminho certo. Segure a onda até a próxima vez e se houver tesão verdadeiro tenho certeza de que vocês não esperarão dois meses para se encontrar novamente.

e se o sexo for o único jeito de segurar o bofe?

Querido Greg,

Eu gostava pra caramba do Liam, um cara com quem namorei por mais ou menos um mês, quando percebi que tínhamos chegado a um impasse. Eu só transaria depois que ele parasse de trepar com outras e ele não estava pronto para se comprometer só comigo. Então rolou uma tensão entre nós e pareceu que a vaca iria para o brejo se eu não cedesse. Daí topei transar achando que ele fosse ficar tão feliz que gostaria ainda mais de mim e pararia de sair com outras. Não foi o que aconteceu e agora eu sou uma das três mulheres com quem ele sai e nem sei se estou em primeiro ou último lugar nessa parada. O que faço agora que ele está com a bola cheia?

Imogen
Londres, Inglaterra

Querida Londrina Confusa,

Por que as pontes de Londres estão sempre caindo? Não preciso dizer que você não deveria ter cedido a esse cara. O que vou dizer é que no futuro, caso você deseje uma relação fechada, então não transe até que tenham definido a relação como monogâmica – SEM EXCEÇÃO. Quanto ao fato de ele estar com a bola cheia, a única coisa que você pode fazer é estourar a bola e partir para outra, na esperança de encontrar alguém que goste de você de verdade e não lhe deixe se perguntando se você merece a medalha de bronze, de prata ou de ouro nesse concurso.

como transformar um rolo em um relacionamento de verdade?

Querido Greg,

Comecei a ficar com um colega da escola, que é meu parceiro de laboratório e agora estou ferrada. A gente se vê o tempo todo entre as aulas, nas sessões práticas e nos encontros extracurriculares, mas toda vez que tento fazê-lo me convidar para sair decentemente, ele joga um balde de água fria. Diz que não curte a pressão imposta pelos encontros mais formais e que essa história de namorar à moda antiga não é a praia dele. Como estudamos em uma escola bem rígida, seria normal que ele soubesse lidar melhor com a pressão. Que droga! Como posso transformar essa transa em um lance mais sério?

Maggie
Vancouver, Canadá

Cara Rata de Laboratório,

Acorda, Maggie! Você estabeleceu o tom do lance desde o início e atraiu o tipo de cara que segundo você mesma não consegue lidar com a "pressão" e namorar firme. Vejamos como ele consegue lidar com a pressão de não transar mais, à medida que você se afasta desse relacionamento ridículo em que se meteu. Se o seu negócio for namorar sério, então não deve partir para qualquer outra coisa que não seja um namoro sério. Diga ao sr. Espertinho, o parceiro de laboratório, que você testou a teoria, checou os dados, mas que o corpo mole que ele faz não bate com a maravilha que é transar com você. Se continuar a transar com você não funciona como motivador para que ele lhe convide para sair, então você já tem sua resposta (ele simplesmente não está a fim de você) e caso precise de uma força, posso lhe mandar meu primeiro livro.

DO OUTRO LADO DA CERCA
qual a real importância de esperar para transar?

Fala Greg!

Tudo bem, como todo cueca que já leu seus livros, eu sou um desastre. Tô saindo com uma mulher há dois meses. A gente se diverte pra cacete, tipo, dando uns rolés de skate, indo a uns shows. Só que ela não quer me dar. Sinto que ela gosta de mim quando a gente se agarra (ela beija bem pra cacete) e coisa e tal (coisa e tal aqui se refere a tudo que pode-se considerar como preliminares, saca?), mas ela diz que quer esperar pra transar. Ela não é crente nem nada; na verdade, eu até sei que ela se apressou e transou com outros caras com quem namorou. Talvez eu não tenha entendido bem o seu livro, mas, será que ela não está a fim de mim?

Blake
Bristol, Inglaterra

Caro Skatista Sensível,

Acho que de fato você interpretou mal o que eu disse no livro *Ele simplesmente não está a fim de você*. Eu disse que se alguém não está interessado em um contato mais íntimo, talvez não esteja tão a fim de você. Na verdade, ela tem um contato mais íntimo com você. Talvez não tenha transado ainda porque gosta muito de você e talvez tenha visto que transar muito cedo com os outros caras não deu certo para ela. Se esse negócio não está lhe deixando feliz, então cai fora, cara! Só digo uma coisa, brother: se você ainda está descolando esses beijinhos maravilhosos, então pra que a pressa? Por essa história de skate e showzinho dá pra sacar que vocês são ainda bem jovens, pelo menos de espírito.

A GAROTA QUE PISOU NA BOLA

É difícil dizer "Não" para uma garota que quer transar com você no primeiro encontro. É sempre muito divertido, mas depois do rala e rola, a coisa fica esquisita. O que ela acha que isso aqui significa? Será que pra ela a gente tá namorando firme agora? Devo passar a noite aqui ou vazar? Será que ela vai ficar chateada se eu for embora? O sexo no primeiro encontro é dureza, porque obviamente eu gostei dela o bastante pra convidá-la pra sair, só que... sei que é horrível dizer isso, mas depois que a gente transa, acaba a corrida de gato e rato. O ratinho já comeu o queijo. Bem, eu estava tentando convencer a Chloe a sair comigo e ela passou um bom tempo fazendo jogo duro. Daí eu finalmente consegui que ela concordasse em almoçar comigo durante a semana. Cara, podemos considerar um almoço numa quarta-feira como um encontro romântico? Bom, daí eu fui pegá-la em casa e ela ainda não estava pronta. Ela passou do quarto pro banheiro só de calcinha e sutiã bem na minha frente e então pensei: "Pelo amor de Deus, vista alguma coisa porque eu gosto muito de você! A gente precisa sair pra almoçar, senão tô ferrado." Só que ela não se vestiu; colocou um roupão todo aberto, veio pra sala, sentou-se no sofá e sugeriu que a gente visse um pouco de TV. A TV se transformou num amasso, que se transformou num rala e rola. Eu não parava de pensar: "Eu posso ser diferente; desta vez vai ser diferente." Mas a verdade é que geralmente perco o interesse nas mulheres que transam comigo logo de primeira. É horrível dizer isso, mas não consigo namorar com uma gata que me dá assim molinho, pois se ela faz isso comigo, imagina quantos já não se deram bem? Nem acredito que estou admitindo isso pra vocês. Pareço um merda. Sexo é diferente de amor e embora a gente se amarre em transar, qualquer cara trocaria um sexo bem quente por um grande amor.

Scott
Scottsdale, Arizona

TALVEZ OS CARAS ESTEJAM CERTOS

Todos os meus relacionamentos sempre começaram com sexo antes do afeto. Estou com 28 anos e nunca tive um relacionamento que tenha durado mais que três meses porque de alguma forma o sexo não se traduziu em afeto para nenhuma das partes. Para ser mais exata, os caras nunca se interessaram tanto quanto eu e as coisas simplesmente foram para o saco.

Então, quando conheci o Josh, decidi seguir o seu conselho e segurar um pouco a onda antes de transar com ele. Achei que esperar quatro encontros pareceria uma eternidade, mas quando nos encontramos pela quarta vez, percebi que eu estava curtindo muito o andamento das coisas e ainda não estava pronta para mudar a dinâmica transando; então decidi esperar até o sexto encontro. Daí, no sexto dia em que saímos, ele disse alguma coisa do tipo "... quando você conhecer meus pais, vai entender o que estou dizendo". A gente ainda nem tinha transado e ele conseguia imaginar a possibilidade de me apresentar aos pais no futuro! Gente, essa nunca tinha acontecido comigo! Bem, quando chegamos no oitavo encontro, as coisas já estavam indo melhor do que com qualquer outro cara com quem eu tinha namorado. Daí ele disse que queria namorar sério comigo. Gente! Você não faz ideia de como eu me senti! Se eu pudesse, teria parado o tempo para pular da cadeira e fazer a dancinha da felicidade. Então, o oitavo encontro foi mágico e naquela noite nós transamos e foi a primeira transa mais incrível da minha vida. Se eu soubesse que o sexo era tão melhor quando se tem sentimentos bacanas (além do tesão) por alguém, eu teria esperado mais anteriormente. Acho que eu tinha na cabeça que o sexo era uma forma de conquistar o cara, mas o que aprendi é que não é a forma de prendê-lo. Os caras ficam quando gostam de fazer muitas outras coisas além de transar com a gente.

Vivianne
New Haven, Connecticut

QUANDO EU ERA SOLTEIRA
AMIIRA

Não que eu mereça aplausos por minha vida sexual, mas com exceção de um caso, nunca fui de sair por aí dando para qualquer um. Não ache que sou puritana ou que não curto sexo, mas desejo muito manter a filiação do meu clube supersecreto mais baixa do que o número de dígitos em meu número telefônico (incluindo o código de área... e o código do país. Espera aí... quantos números são mesmo?). Manter minha lista com poucos itens foi uma fonte de autorrespeito e, nada surpreendentemente, um enorme apelo para os Don Juans candidatando-se ao título do clube. Quando eu começava a sair com alguém, só depois que nós nos conhecíamos bem e tínhamos decidido namorar firme eu mostrava o aperto de mão secreto e plastificava a carteirinha de sócio do felizardo. Então, uma vez ignorei a receita do sucesso e transei com um cara de quem eu realmente gostava no segundo encontro. Pensei: "Ah, que se dane. Por que não? A gente tá no caminho certo, ele gosta de mim, eu gosto dele, que diferença faz?" Então transamos e na manhã seguinte fomos tomar café, enquanto eu pensava: "Nossa, que bacana. Acho que não é assim tão necessário esperar." Obviamente eu estava achando que estivéssemos sintonizados na mesma estação, que eu não me enganava com as pessoas e que provavelmente íamos namorar depois de termos transado. Ele, por sua vez, não estava nem com o rádio ligado, que dirá na mesma estação que eu, ao achar uma boa ideia dar uma carona a uma "dançarina exótica" e sumir por três dias. Fiquei magoada com o fato de ele ter transado com outra e, além disso, senti muita vergonha por ter me enganado com relação ao que tínhamos juntos e para onde estávamos caminhando. Só precisei passar por um perrengue destes uma vez para aprender a lição: nem sempre vale a pena transar logo de cara. Além disso, o sexo não bastou para aliviar o mal-estar que me baixou.

Você pode até achar que todo cara vai topar na boa esperar, mas deixe-me lhe contar uma história. Eu trabalhava na indústria fonográfica, de forma que trabalhei com bandas famosérrimas e astros do rock, todos acostumados com as garotas que dão com a maior facilidade antes mesmo de dizer: "Oi! O show foi maravilhoso!" A maioria dos mesmos deuses do rock (tanto os aspirantes quanto os estabelecidos) adorava a ideia de faturar uma das garotas das gravadoras; assim, mesmo depois que casei com meu primeiro marido, recebi várias cantadas com a maior frequência. Embora fosse uma massagem no ego e ao mesmo tempo uma coisa meio boba, aprendi a me desviar das cantadas e a continuar a fazer meu trabalho. A frase "Acho que não estou em condições de arcar com as despesas de camisinha e de um hotel, mas mesmo assim obrigada por pensar em mim" sempre funcionava e, curiosamente, todas as vezes que meus roqueiros rejeitados chegavam na cidade, sempre apareciam na minha sala para tentar entrar no meu clube supersecreto. Durante essas tentativas, o que acontecia era que nós nos conhecíamos melhor e aí era para mim que eles ligavam da estrada pedindo conselhos sobre como se livrar de alguma garota de outra gravadora com quem tinham se envolvido e então declaravam o amor que sentiam por mim e diziam que seria diferente se eu finalmente cedesse (o que, a propósito, nunca aconteceu). O que ficou claro para mim foi que até mesmo o cara mais popular quer receber um "NÃO" e adora continuar se esforçando para conseguir. Fico com a impressão de que transar nem sempre é o atalho para um relacionamento bacana. Na maioria das vezes, é a estrada que nos leva para longe de um relacionamento sério.

REFLEXÕES DA CIDADE DOS CUECAS

Vocês é que são donas da situação, garotas. Sei que muitas de vocês não concordam, mas É VERDADE! Com exceção de alguns escrotos, os caras só vão até onde vocês permitem. Por exemplo: se vocês nos deixarem aparecer às quatro da manhã para fazer um "lanchinho", então aparecemos, MAS se vocês disserem que temos de esperar algumas semanas para nós nos conhecermos melhor, então ESPERAREMOS. Se não pudermos esperar... então, estávamos só a fim de sexo mesmo. Desculpem-me, garotas, mas é a verdade. Sei que vocês acham que têm de transar conosco senão damos no pé, mas se estivermos a fim só de sexo, daremos no pé de qualquer maneira. Eu penso assim. Estou sendo sincero. Toda vez que transei assim logo de cara, aconteceu o seguinte: eu estava tão fixado na ideia de transar que geralmente nem sabia dizer se gostava da mulher ou se só queria "mandar ver", pois os caras pensam em sexo grande parte do tempo. Então, assim que eu gozava, a ficha caía: "Ih... eu só queria transar mesmo" OU "Caramba, eu nem conheço essa mulher direito!". Dava uma sem-graceira e geralmente eu sumia. Agora assumo a responsabilidade total sobre minhas ações. A garota não era culpada por termos transado muito cedo ou por eu não ter a capacidade emocional de lidar com a situação, mas acho que este é um problema que rola com muitos caras. Não temos certeza do que estamos procurando no início: se é sexo ou um relacionamento. Como acredito que as mulheres são quem zelam pelos portões que vão dar na cama, devo dizer que se vocês quiserem saber se o cara está tentando algo mais do que dar uma trepada – MANTENHAM OS PORTÕES FECHADOS POR UM TEMPO. Talvez seja interessante que saibam que muitos caras querem que vocês deem trabalho para serem conquistados. Sentimos prazer quando não conseguimos logo de cara o que desejamos. Isso nos obriga a nos esforçar mais para conseguir. E, então, passamos a lhes conhecer melhor, seus gostos musicais, o vinho de sua preferência, as roupas que vocês preferem usar, quantos gatos vocês têm, o nome dos seus irmãos e por que gostamos de vocês além do sorriso e da pele com aroma adocicado.

Então, se vocês gostam de nós e estão interessadas em mais do que sexo, torne a coisa desafiadora. E qualquer cara que disser que você gosta de fazer joguinho é um idiota. Relaxem, pois agindo assim, como discutimos no início do capítulo, vocês mostram uma prévia de um filme que ficamos felizes de termos sido selecionados para participar.

BISCOITINHO DA SORTE DOS RELACIONAMENTOS

O sexo é uma forma de se atingir um orgasmo e não um relacionamento.

O PIOR ENCONTRO DA HISTÓRIA ☹

Passei um tempão apaixonada por um cara e achava que ele não me convidava pra sair porque a gente se via o tempo todo, mas ele nunca sequer olhava na minha direção. Então, uma noite, eu estava num bar com minhas amigas e ele se aproximou todo risonho e me disse que estava muito triste por eu ainda não tê-lo convidado pra sair. Achei graça da abordagem e passamos o resto da noite conversando, bebendo e paquerando. Então ele perguntou se podia ir pra minha casa; sei que não devia, mas topei. Assim, fomos pra lá e transamos loucamente. Passamos a noite toda acordados, conversando, transando e fazendo um lanchinho pelados, na frente da geladeira. Foi uma das melhores noites da minha vida. Eu sonhava com esse cara havia tanto tempo e ele era exatamente tão maravilhoso quanto eu tinha imaginado. Ao amanhecer, antes de cada um tomar seu rumo, combinamos de nos encontrar de novo no bar por volta das oito da noite. Fui trabalhar e liguei para todas as minhas amigas pra contar a noite escandalosa e incrível e as convidei para nos encontrar mais tarde no bar.

Cheguei ao bar com as garotas e fiquei esperando o cara aparecer. Deu oito horas, oito e meia, nove horas, nove e meia e nem sinal dele.

Às 22:15 ele apareceu com uma outra menina! Daí eu me aproximei e disse que estava esperando desde as oito e ele se fez de desentendido, com uma cara de quem não estava entendendo nada. Então eu disse:
— Não vai me apresentar à sua amiga?
Nesse momento eu já estava vermelha de ciúmes, tentando manter a calma. Ele respondeu:
— Eu apresentaria se soubesse como você se chama.
Aí ele se mandou com a garota, me deixando ali como se eu fosse uma doida varrida e os dois se sentaram em outro ambiente, de costas para onde eu estava, de forma que ele não tivesse que me ver. Eu nunca me senti tão envergonhada e humilhada em toda a minha vida.

É só a p*@#a de uma transa!

* Não nos interprete errado! Esse é um dos aspectos maravilhosos de sermos humanos. É por isso que o sexo deve ser respeitado como tal quando se trata de amor.

* O sexo não resolve nenhum problema nem consolida nenhum relacionamento. Acreditamos que o sexo deva ser um complemento do que já deve existir como amizade, confiança e respeito mútuo. Dê ao sexo seu devido valor, coloque-o em seu devido lugar e ele lhe será mais útil.

O original e mundialmente famoso
Livro de Exercícios das Campeãs

É hora de fazer uma lista das coisas que você deve saber com relação ao cara com quem pretende transar. A lista deve conter itens que só daria para você saber investindo muitos encontros e horas de conversa. Aproveite e faça uma lista das coisas que ele deve saber a seu respeito antes de saber como você é por baixo das roupas. Para lhe dar uma forcinha, já começamos a lista. Agora é com você! Complete.

O QUE DESEJO SABER SOBRE ELE

1. O que ele sempre quis experimentar (que não tenha nenhuma relação com sexo)?

2. Onde os pais dele se conheceram?

3. Banda favorita, disco preferido, música que mais adora, filme preferido.

4.
5.
6.
7.
8.
9.
10.

O QUE DESEJO QUE ELE SAIBA A MEU RESPEITO

1. Meus pratos favoritos no cardápio de três restaurantes diferentes.
2. Quem é meu/minha melhor amigo(a) e como ele(a) é (ou seja, ele vai ter de conhecer seus amigos).
3. Aroma preferido.
4.
5.
6.
7.
8.
9.
10.

9

PRINCÍPIO NÚMERO 8
nem todo encontro vai acabar em relacionamento

E uma relação que vale a pena é uma viagem, não uma corrida

É inigualável a sensação de conhecer alguém pela primeira vez. Nosso corpo se desperta por inteiro, nossa cabeça fica a mil – é como se todo o nosso ser vibrasse em outra frequência. A velocidade com que os pensamentos e ideias rolam à medida que se passam flashes de nosso futuro é louca e excitante, é a emoção de um novo gostar e possivelmente de um novo amor.

Lá está você, na fila do café, quando ele chega e pergunta as horas. Você responde e fica vermelha quando ele confessa que tem relógio e só usou as horas como pretexto para falar com você. Duas horas depois, você ainda se encontra no café, toda animada, no maior papo, e meio que se apaixonando pelo gatinho com um corte de cabelo de cantor de música pop que a convida para jantar. Ele dá um beijinho em seu rosto depois de gravar seu número no celular e deixar tudo combinado para o jantar na noite seguinte. Você volta para casa quase levitando, com a vertigem provocada pelo sentimento por alguém novo em sua vida, com quem rola a maior química pela primeira vez depois de muito tempo. Nas próximas 36 horas até o jantar com o gatinho (ou pelo menos nas próximas horas em que você está consciente), você pensa nele, relembra o beijinho de despedida, pensa no que vai vestir, fala dele para as amigas, lembra-se do sorriso dele, fica imaginando onde ele foi criado e se os pais ainda moram lá, imagina se vai gostar dos pais dele, pensa que vocês formam um belo casal passeando pela cidade nos fins de semana, imagina quem vai morar com quem, sente o alívio de ter um acompanhante para o casamento de sua irmã, imagina se a cerimônia fará com que ele pense no próprio casório, tenta decidir se vai manter seu nome ou se vai adotar o dele depois que casarem, relembra o beijinho de despedida, pensa no que vai vestir para o jantar, imagina se vocês vão se casar na igreja ou se vai ser um casamento ao ar livre, vê os dois correndo sob a chuva de arroz até o carro em que está escrito "Recém-casados" na janela traseira, relembra do momento em que ele confessou ter usado as horas como pretexto para conversar com você e por aí vai, até o jantar com o pedaço de mau caminho. O futuro parece promissor... então ele nunca liga e o seu "noves fora" acaba dando em tristeza desnecessária.

(O termo fora aqui é usado para se referir a quando se imagina uma situação futura tão distante que o sujeito se concentra no futuro e no resultado a tal ponto que se esquece da realidade presente.)

Gostar de alguém que acabamos de conhecer e pensar que "desta vez ou vai ou racha" é uma coisa inebriante. Sempre acabamos nos projetando no futuro com nossos pensamentos e desejos porque queremos aquilo que não temos. Queremos garantir nossa felicidade futura de forma que saibamos que não vamos perder nenhuma chance. É onde o desejo e o desespero se encontram. Não parece desespero porque a torrente de sentimentos é tão deliciosa, mas o tal "noves fora" é uma manifestação do medo de que a gente possa perder a oportunidade. Não que você não possa alcançar o que deseja; é que a possibilidade é menor quando se tenta definir as coisas prematuramente. *As pessoas atingem seus sentimentos verdadeiros em seu próprio ritmo.* Apressar a si mesma ou os outros para que sintam algo de que não se tem certeza ou tentar mudar na tentativa de ser o que fará com que eles queiram namorar sério é o começo do fim. Sabemos que é uma experiência emocionante e carregada de expectativas porque você quer muito que a coisa dê certo. Seu desejo é que algo seja "a parada" que preenchera as lacunas que você deixa abertas, mas você precisa acalmar esses sentimentos. Aos poucos, tente conhecer melhor a pessoa e *veja como vocês interagem*. Relacionamentos são como sobremesas: é preciso saboreá-las, senão a gente come com pressa e acaba com dor de cabeça, enjoo e se arrepende de ter comido. Além do mais, para que correr?

Quando encontrar "o cara" e decidir passar o resto da vida com ele, para evitar a morte súbita, pense no seguinte: *o resto da vida é tempo pra caramba*. Sério. É por isso que as pessoas amarelam de medo antes do casamento, não porque pensam que escolheram os padrões errados do aparelho de jantar, mas é porque PARA SEMPRE É TEMPO PRA CACETE. Passar o resto dos seus dias com alguém é uma ideia assustadora, raramente colocada em prática. Toda aquela especulação do tipo "Será que ele(a) é a pessoa certa pra mim?", "Será que agi naturalmente durante a fase em que a gente se apaixonou ou será que tentei ser o que achei que ele(a) quisesse que eu fosse?". O número de divórcios é muito grande porque as pessoas se apressam e entram de cabeça em relacionamentos da noite para o dia, modificando seu jeito para atender às expectativas do outro, na tentativa de acertar. Então, anos depois, a novidade se foi, e eles percebem que não conseguem ficar juntos para sempre. Ou, pior, que não são o que fingiram ser. NEM TODAS AS RELAÇÕES QUE TEMOS NA VIDA SÃO PARA DURAR PARA SEMPRE — isso se aplica a amizades, romances e até relações com parentes. Talvez aquele cara que deu no pé e por quem você ainda está obcecada só tenha sido para durar dois anos mesmo e por isso que a vaca foi pro brejo no terceiro ano.

Mesmo a melhor relação passará por momentos inacreditavelmente chatos e tediosos. Uma relação significativa estará sempre passando por mudanças à medida que os parceiros mudam e ficam cada vez mais sintonizados um com o outro. Entretanto, se você apressar o início para chegar logo ao meio, perderá muitas coisas bacanas e supernecessárias para fazer com que uma relação dure. A maioria dos relacionamentos acaba porque um dos parceiros — ou os dois — sentem falta de algo, desejam alguma coisa mais, outra pessoa, um novo conjunto de experiências. Façamos uma analogia. Conhecer, transar, se apaixonar, sentir tesão por um novo alguém – todas essas sensações são como abrir um presente na manhã de Natal. Quando estamos em uma relação duradoura, à medida que o tempo passa, essas sensações de novidade vão ficando cada vez mais raras. Consequentemente, ao passar por uma fase conturbada ou tediosa, tende-se a desejar algo diferente, algo novo – queremos abrir uma nova caixa. Quando passamos afobados pelas coisas bacanas do início de uma relação, feito crianças rasgando o papel de presente para ver o que tem dentro, acabamos não curtindo o processo de abertura da caixa por completo, de *forma memorável*. Assim, quando a relação passa por momentos difíceis e precisamos de um reforço, não conseguimos relembrar a emoção de abrir a caixinha do "primeiro beijo", ou da "primeira vez que nós nos vimos pelados" ou da "primeira vez que sentimos falta um do outro" ou da "primeira vez que assaltamos um banco". Pode parecer bobagem, mas passar por essas experiências e manter-se atenta de forma a vivê-las intensamente é o que nos ajuda a superar os momentos difíceis em uma relação. São essas experiências do início do relacionamento que alimentam nosso desejo de tocar em frente quando as coisas não andam às mil maravilhas, em vez de abandonar o barco para buscar outra caixa para abrir. Logo, se você passar batida por esses momentos, sem viver intensamente o processo de abertura de novas caixas, eles não refletirão as experiências profundas e deliciosas que formam a base de uma união duradoura.

O objetivo é ter uma relação superbacana e que dure para sempre (que, como já estabelecemos, é tempo pra cacete); então é uma decisão da qual você tem que estar muito segura. Pense no tempo e na energia que você investe na compra de um carro. Ninguém simplesmente vai a uma concessionária, dá um maço de notas para o vendedor e diz: "Vou levar o vermelho." Não! O certo é ver o maior número possível de carros, modelos, levá-los para um *test-drive*, comparar preços, dar uma olhada embaixo do capô, chutar os pneus e se certificar por completo de que estamos fazendo a escolha certa. E comprar um carro é uma decisão que dá para mudar de tempos em tempos! Então, por que você deveria se enfiar numa relação, toda esbaforida, sem ter o mesmo cuidado? Olha só, nem sempre você e seu parceiro estarão em sintonia. É comum que um dos dois se envolva mais rapidamente, mas não tenha medo de respeitar o ritmo de suas próprias emoções. Não pense que transar é o que consolidará a relação. E não se precipite nem tente ser nada menos que um Sucesso de Bilheteria! Vá com calma, seja você mesma e viva o momento presente. O resto vai se ajeitar por si só.

MAS GREG, TENHO ALGUMAS DÚVIDAS

No namoro pela internet as coisas são mais rápidas?

Querido Greg,

Tudo bem, eu me divorciei há três anos e finalmente estou pronta para começar a namorar. Conheci um cara na internet e a gente se deu muito bem. Ele me enviou e-mails superfofos, me paquerando, mas tudo com muito respeito. Chegou uma hora que resolvemos nos encontrar para dançar (curtimos muito as músicas de discoteca dos anos 1970) depois de mais ou menos duas semanas de troca de e-mails. Achei ele uma graça e nós nos demos melhor ainda pessoalmente. Tudo pareceu muito bem, com exceção de uma coisa: ele se mostrou louco para firmar um compromisso como se viéssemos nos encontrando há muito tempo, quando na verdade aquele era nosso primeiro encontro. Dá pra ver a ansiedade estampada no rosto dele e estou achando isso muito brochante. Eu nunca disse nada que lhe desse a impressão de que eu não queria sair com outros caras. Temos muita coisa em comum e gosto muito dele, mas não quero me sentir pressionada a me relacionar. Foi assim que meu casamento começou e foi um desastre. Por outro lado, estou com 38 anos e não quero ficar pra titia. Socorro!

Sophia
Milão, Itália

Querida Pânico na Discoteca,

Feche com esse cara imediatamente! Trinta e oito anos? Como você consegue dançar sem muletas? Onde você encontra discotecas abertas às 5:30 da tarde? Velhas como você devem se prender a qualquer corpinho quente que encontrarem! Estou conseguindo ser claro? Eis a parte bacana da sua situação: Você já dançou (metafórica e literalmente) e desta vez não quer meter os pés pelas mãos. Confie nisso e pare de se preocupar com a idade. Estabeleça o ritmo pela internet ou em qualquer outro lugar. Fale abertamente com o pretê a respeito de como você está a fim de viver sua vida pós-divórcio e explique sua necessidade de pegar leve. Se esse cara valer a pena, ele aceitará numa boa, caso contrário, não é com ele que você quer dançar. Agora vá tomar seu mingauzinho, vovó.

mas e se uma determinada situação acelerar o ritmo das coisas?

Querido Greg,

Estou saindo com um cara que é perfeito pra mim, mas estamos passando por um momento ruim. Começamos assim, aos poucos, marcando encontros algumas vezes por semana no barzinho onde nos conhecemos e então passando para o meu apartamento. As coisas esquentaram bem depressa e ele começou a dormir comigo algumas vezes por semana e estava tudo às mil maravilhas. Mas aí a coisa começou a azedar. O senhorio vendeu o prédio onde ele mora e os novos proprietários aumentaram tanto o valor do aluguel que ele não tem mais condições de morar lá. Ele tem menos de um mês para arranjar um novo canto, daí eu disse que ele podia passar um tempo comigo até que encontre um apartamento. Achei que ele fosse ficar empolgado com a ideia, já que estou oferecendo um lugar pra ele ficar sem ter que pagar aluguel, já estamos namorando e ele já fica por aqui mesmo. Só que, em vez de empolgado, o cara ficou todo esquisito. O que aconteceu?

Sabina
Bruxelas, Bélgica

Querida Casa, Comida e Roupa Lavada,

Este é um caso clássico em que o cara fica apavorado. O que aconteceu foi que você tinha estabelecido uma relação na qual ambos estavam à vontade com a frequência com que se encontravam e com a falta de pressão com relação a um compromisso futuro. Entretanto, ao convidá-lo para morar temporariamente no seu apê, você deixou claro suas intenções de apressar o futuro sem que ele estivesse preparado para tal estágio. Quando você propôs que morassem juntos, mesmo que tenha sido em consideração à situação dele, o que ficou subentendido foi que você está levando a coisa mais a sério, de maneira monogâmica e que planeja um futuro a dois. Ligue para ele e diga que você não estava tentando apressar as coisas e que você adoraria ajudá-lo a encontrar um canto para morar. Todo mundo gosta quando as pessoas oferecem ajuda quando estão passando por uma mudança de endereço.

Mas e se eu não conseguir me conter?

Querido Greg,

Contando com a noite em que conheci o Doug, nós já nos encontramos seis vezes. Eu conto porque conversamos a noite toda e a coisa durou mais tempo do que muitos dos outros primeiros encontros que tive. Nós só transamos no sexto encontro e acho que ele gosta de mim da mesma forma que eu gosto dele. Depois que transamos eu disse para ele que queria namorar sério. Meio que indiretamente, dei início ao papo "Onde isso aqui vai dar? Você está saindo com mais alguém?".

Ele reagiu bem, mas sem se comprometer, dizendo que gosta muito de mim e que está curtindo o jeito com que as coisas estão indo. Que diabos isso quer dizer? Sei que não é uma boa ideia exigir mais dele, porém não sei se consigo me controlar. Faz três anos que não namoro sério e não quero perdê-lo nem parecer desesperada.

Carla
Las Vegas, Nevada

Cara Quase Desesperada,

Nossa, há tantos pontos em seu caso que acho melhor ir passando um por um. Não quero fazer nenhum alvoroço, mas acho melhor perguntar "Você está saindo com mais alguém?" antes de tirar a calcinha. É mais saudável.

Quanto à pergunta "Onde isso aqui vai dar?", se você não sabe, talvez não seja uma boa ideia transar com essa pessoa até que você esteja certa de que ele não vai dar o fora depois. A menos que se trate apenas de uma amizade-colorida, é melhor fazer perguntas antes de chegar aos finalmentes.

Com relação ao fato de ele ter dito que "está curtindo o jeito com que as coisas estão indo", você já teve sua resposta. Ele não está pronto para se comprometer, mas está curtindo a sua regra de transar no sexto encontro. Se você exigir mais, provavelmente o perderá porque as pessoas gostam de sentir as coisas de verdade, não porque alguém está lhes criticando por ainda não corresponder. Respire fundo, relaxe e tente focalizar no presente e não se preocupar em firmar nada no futuro. Mesmo que vocês acabem namorando sério, terão perdido as coisas bacanas que os levaram até lá. Se você começar a perder o controle e a querer pressioná-lo, ligue para uma amiga e peça-lhe para amarrar você a uma árvore até que passe a vontade.

mas e se eu já tiver apressado um casamento?

Querido Greg,

Conheci o Jackson dois anos atrás em um festival de música. Foi amor à primeira vista, tesão à primeira vista, completamente avassalador à primeira vista. No final do dia, estávamos juntos e três meses depois nós nos casamos em Las Vegas. As coisas foram mágicas no primeiro ano, tudo foi perfeito, mas um tempo depois a mágica passou e agora rola uma sensação de que nem sequer nos conhecemos bem. Nós nos amamos e achamos que estávamos predestinados a nos unir, de forma que queremos que este casamento dê certo. Como podemos ter tanta intimidade e ainda assim sentir como se fôssemos completos estranhos em alguns dias?

Tally
Shreveport, Los Angeles

Tally, Tally, Tally,

O problema, minha fadinha, é que você e Jackson nunca namoraram, de forma que não se conhecem. O namoro existe exatamente para que as pessoas possam se conhecer e decidir se a atração e a compatibilidade são suficientes para um compromisso sério e duradouro. A verdade é que no fundo você está casada com um estranho e se tivesse namorado, em vez de correr para Las Vegas, você teria conseguido decidir se havia algo além da conexão cósmica entre vocês e se conseguiriam morar juntos. Vocês passaram batidos pela parte gostosa, pularam direto para o meio e agora não é o que você esperava. Entendo. Então o que você deve fazer? Duas coisas. Primeiro, procure um terapeuta de casais e veja o que ele sugere. Em segundo lugar, comece a namorar seu marido novamente. Depois de tentar essas duas coisas, é provável que você descubra que são incompatíveis e que o casamento foi uma furada. Às vezes o cosmo quer que fiquemos juntos só por dois meses, não a vida inteira. E não há nada de errado nisso — somos todos culpados por interpretar mal as estrelas e as situações românticas em algum ponto nesta vida.

DO OUTRO LADO DA CERCA

mas o que podemos considerar como lento demais?

Caro Greg,

Tenho saído com uma garota incrível há quatro semanas e venho me comportando de maneira completamente diferente do meu natural. Geralmente conheço uma mulher, saio uma ou duas vezes, transo, fico com ela por alguns meses e então parto pra outra. Eu sei, isso não é nada bacana, mas este tem sido meu padrão até agora. Esta nova garota, Anonda, ouviu umas histórias ao meu respeito e já deixou claro que não quer ser mais uma a parar na minha cama e quer ir devagar. Então já estamos juntos há um mês e agora tenho medo de beijá-la. Eu gosto muito dela, mais do que de qualquer outra garota com quem saí e não quero ir rápido demais e fazer com que ela pense que só estou atrás de sexo. Como posso saber em que medida devo ir devagar?

Travis
Bellingham, Washington

Caro Passo de Lesma,

Você é um cara de sorte, meu velho! Na minha quase humilde opinião, não há nada mais sensual que uma mulher que sabe o que quer e que nos faz perder o prumo. O melhor conselho que posso lhe dar é, seja honesto e direto com ela. O fato de ela querer pegar leve não significa que não queira que você sinta tesão. Depois de quatro semanas ela deve estar se perguntado qual é, então acho melhor você simplesmente dizer, com suas próprias palavras: "Olha só, estou preparado para aquele primeiro beijo; é só me avisar quando você estiver pronta." Divirta-se com o lance e, sério, cara, você ficará feliz por terem cruzado este caminho porque só se vive a primeira parte de um relacionamento uma vez, de forma que é bom fazer com que ela dure.

A GAROTA QUE PISOU NA BOLA

Eu era louco por uma garota da faculdade, mas nunca tive coragem de convidá-la para sair. Então, anos mais tarde, ao encontrar-me com ela no casamento de um colega em comum, decidi firmemente aproveitar a oportunidade. Começamos a namorar e ela era tão maneira quanto eu tinha imaginado e, pode acreditar, eu tinha passado os últimos nove anos imaginando. Então completamos dois meses de namoro, nós nos víamos três ou quatro vezes por semana e estávamos começando a nos conhecer melhor. As coisas estavam superbacanas, ela era superbacana, eu estava superbacana... até que uma noite enquanto jantávamos, ela ficou toda séria, distante e calada. Perguntei o que estava pegando e ela disse que precisávamos conversar sobre nosso futuro. Disse que estava prestes a completar 32 anos, que queria se casar e começar a ter filhos no ano seguinte e que só ia continuar saindo comigo se eu estivesse a fim de me casar. Oi?! Só tínhamos dois meses de namoro! É claro que eu tinha pensado nela pra cacete durante muitos anos, mas eu não a conhecia muito bem e nem tinha certeza de que combinávamos na realidade.

Respondi que ainda era muito cedo para eu saber. Eu estava mesmo a fim dela e talvez até estivesse me apaixonando, mas depois de apenas dois meses de namoro eu ainda não podia afirmar que íamos nos casar e ter filhos imediatamente. Ainda estávamos muito no comecinho da relação! Ainda não tínhamos apresentado um aos amigos e parentes do outro e ela simplesmente me apavorou. O que me brochou não foi o fato de ela ter exposto a questão, mas a sua aflição e sua exigência de que eu me comprometesse com algo tão sério quanto um casamento antes mesmo de termos certeza de que nos amávamos. Eu quero me casar, quero mesmo e se ela não tivesse me apressado com um ultimato assim sem noção, teríamos cruzado esse caminho naturalmente e talvez até nos casado e tido filhos no período que ela queria, só que ela me deu um fora. A propósito... ela agora está com 34 anos e continua solteira. Como eu sei disso? Porque há pouco tempo ela me ligou e perguntou se podíamos nos encontrar de novo e eu me senti muito mal quando tive que lhe dizer que eu estava noivo.

Aaron
Cleveland, Ohio

A GAROTA QUE MANDOU BEM

Em todas as relações que tive sempre parti do zero e cheguei a morar com a pessoa em três meses. Obviamente, nenhuma delas durou porque eu logo percebia que era preciso mais que três meses para se conhecer alguém de verdade. Não tem nada a ver ir morar junto antes de viajar juntos, cuidar do outro quando está doente e ver a pessoa pelo menos em seu semipior momento. Mudei de apartamento e de namorado cinco vezes nos últimos sete anos. Então, resolvi experimentar algo diferente da próxima vez que eu me envolvesse com alguém: decidi impor a mim mesma uma regra de "cada macaco no seu galho", ou seja, nada de dividir apartamento; e dormir junto só rolaria quando houvesse um convite e não quando uma das partes aparecesse de uma hora para outra. Então quando comecei a namorar o Bradley, pela primeira vez peguei leve e fui devagar. Geralmente meus primeiros encontros duram uma semana e meia, mas dessa vez eu lhe deixei me dar um beijinho de despedida do lado de fora do meu prédio. Quando saímos de novo, tive uma intoxicação alimentar e passei a noite toda vomitando, o que não é lá uma coisa sexy ou romântica para se fazer num segundo encontro. Bradley cuidou de mim – tipo, segurou meu cabelo para trás enquanto eu vomitava, trocou a compressa fria na minha testa, alugou filmes, foi ao mercado comprar sopa, biscoito de água e sal e refrigerante. Ele passou o fim de semana inteiro cuidando de mim, ausentando-se apenas para ir em casa tomar um banho e se trocar. Ele até cuidou da minha roupa suja porque eu tinha vomitado nos lençóis e no pijama. Estamos juntos há quase um ano e meio e posso dizer com muita confiança que eu o conheço melhor do que qualquer outra pessoa no mundo e ele a mim. Estamos planejando morar juntos em breve, o que me faz rir quando penso em todas as relações passadas, quando eu me apressei para atingir este estágio e percebo que mal conhecia aqueles caras e como as relações terminaram tão rapidamente quanto começaram. Ontem saímos à procura de apartamentos e encontramos um perfeito. Sabe como tive a certeza de que era perfeito? Porque ele tirou do bolso uma caixa de anel e me pediu em casamento em frente à lareira na sala vazia de nosso novo apartamento.

Monica
Brooklyn Heights, Nova York

QUANDO EU ERA SOLTEIRA
AMIIRA

Neste ponto de minha vida posso dizer que sou autoridade em prazo de validade das relações, ou melhor, autoridade no que o prazo de validade deveria ter sido. Chega a ser constrangedor admitir que aos trinta anos de idade eu não sabia julgar bem as coisas. Teve o namorado com quem eu pretendia sair apenas por dois meses antes de eu me mudar, que então me seguiu até o outro lado do país logo me obrigando (na minha cabeça) a ficar com ele por quase dois anos. Eu sabia desde o começo que eu não estava assim tão a fim daquela relação, mas eu era jovem e tinha um tempão pela frente, certo? Prazo de validade: dois meses. Tempo gasto na prática: 21 meses. Só que isso me serviu de lição? Coisa nenhuma. E o cara que tinha namorada quando nos conhecemos (embora ele tenha corrido atrás de mim), que sempre, sem exceção, começava uma nova relação antes de terminar com a antiga?

É o que algumas pessoas chamariam de uma advertência gigantesca sobre a habilidade de alguém em ser fiel e comprometido a uma pessoa. Mas não para mim! Eu deveria ter evitado aquele cara por completo, mas não evitei porque eu tinha certeza de que ele seria "O Escolhido" e eu conseguiria mudá-lo. Com certeza "Felizes para sempre" estava se aproximando... mas se aproximando do quê, minha amiga? Prazo de validade: seis meses. Tempo gasto na prática: quatro anos e meio. Afff! Bem, pelo menos eu ainda estava bem jovem e ainda tinha alguns anos antes de completar trinta, então não tinha problema. Além do mais, eu aprendo com os erros... Ah, "peraí", não quando há o melhor amigo, muito fofo que vem dando o maior apoio depois que terminei com o último namorado... numa noite, depois de beber todas, o fofo declarou seu amor por mim. Como eu poderia deixar de tentar? Eu realmente o amava... bem, talvez não dessa forma, mas éramos tão amigos, o que poderia dar errado? Hmmm. Tipo, eu realmente queria que desse certo porque éramos tão bons amigos... só que não foi nenhuma maravilha. Na verdade, não passou de um equívoco que acabou destruindo a amizade. Prazo de validade: quinze minutos de puro álcool no cérebro. Tempo usado em prática: um ano e meio. Minha Nossa Senhora do Perpétuo Socorro! Qual é o meu problema? Àquela altura, eu definitivamente precisava sentar o rabo e dizer: "Cacete!" Quando eu ia me dar conta de que às vezes os limões não passam de limões? Não é preciso tentar fazer limonada com todo e qualquer limão, minha amiga! Existem diversos graus de amor e diversos graus de compatibilidade. Nem todo cara de quem gostamos, amamos ou por quem sentimos tesão justifica que dediquemos anos de nossas vidas, da mesma forma que nem todo amigo será alguém com quem envelheceremos. Que diabo! Eu era incapaz de distinguir meu melhor amigo de infância num grupo de três pessoas a menos que as outras duas fossem crianças. O mesmo se aplica a minha "alma gêmea" da faculdade e meu primo Tim. Só levei catorze anos para sacar isso, pois, como todos sabem, só é possível tornar-se especialista em qualquer coisa depois de muita prática.

REFLEXÕES DA CIDADE DOS CUECAS

Todos nós já passamos por isso. O cara está saindo com uma nova menina, a coisa está supermaneira, há muitas possibilidades nas duas primeiras semanas. Tudo está indo muito bem e então, do nada, acontece... a mulher diz alguma coisa que dá a entender que é preciso consolidar a relação. É como soltar uma bomba "Não vejo a hora de apresentar meu namorado aos meus pais". Ou então ela começa uma frase com "Quando tivermos nossa casa..." ou "Como você gostaria de chamar nosso filho? Acho que Justin está ótimo". Daí você pensa: "Essa não! Por que você tinha que fazer isso agora? A gente estava se divertindo tanto SEM definir o lance." Há momento e lugar certos para tudo e, você me conhece, eu sempre defendi o direito de se pedir o que se deseja em uma relação, mas meninas, façam-me o favor! Sei que os caras são culpados pela mesma coisa, então vocês sabem como se sentem quando o sapato está no outro pé. A pessoa com quem você está tendo um namorico e conhecendo aos poucos de repente se mostra carente e lhe apavora. Tentar definir e consolidar uma relação não é para apavorar os caras e vocês achariam que ficaríamos lisonjeados com isso, só que acabamos recuando porque ainda não estamos preparados emocionalmente. Cada pessoa tem seu próprio ritmo e é preciso considerar que seu novo namorado ainda não está pronto. Então, quando tiverem dúvida, é melhor esperar. Vocês sacarão quando estiver na hora.

BISCOITINHO DA SORTE DOS RELACIONAMENTOS

Uma corrida é algo que se tenta terminar logo. Uma relação é algo que se tenta fazer com que dure.

O PIOR ENCONTRO DA HISTÓRIA ☹

Conheci a Lori em uma convenção e a gente se deu bem logo de cara. Passamos todo o fim de semana juntos e participamos de todas as discussões, eventos e jantares. Foi como se o tédio tivesse nos unido, pois, convenhamos, convenções são um SACO! Então, quando o fim de semana terminou, trocamos informações e decidimos manter contato. Ela morava a 56 quilômetros da minha casa, de forma que liguei para ela na semana seguinte e a convidei para jantar, considerando que tínhamos nos divertido pra valer. Eu a peguei em casa e fomos para o restaurante. Durante o jantar, ela me deu um álbum de fotografias da convenção com uma foto nossa logo na frente. Disse que pedira transferência para uma filial próxima de onde eu morava para facilitar nossos encontros. Comecei a ficar bolado, mas resolvi me acalmar e lhe dar uma chance. Alguns minutos depois, seu celular tocou e ela atendeu, dizendo que estava jantando com o namorado. Quando ela desligou, eu lhe disse que não éramos namorados e que, para mim, aquele era oficialmente nosso primeiro encontro. Não tive a intenção de deixá-la sem graça, mas convenhamos! Passamos três dias juntos basicamente porque estávamos presos a uma chatice de convenção. Ela se debulhou em lágrimas, me deu um tapa na cara e berrou que não queria mais me prender. Ela ainda estava gritando e chorando quando nossos pratos chegaram e fiquei sem saber o que fazer, então jantamos em silêncio e depois eu a levei para casa. O ruim dessa história foi que eu tinha gostado dela e até poderíamos ter chegado a namorar, mas infelizmente ela preferiu tentar oficializar um namoro em vez de curtir o primeiro encontro.

É só um encontro, p*@#a – parte 2

* *A jornada tem que ter início em algum lugar. Sugerimos um encontro. O que poderia acontecer na pior das hipóteses? Pelo menos você saiu de casa e pôs os pesinhos no mundo, que é como grande parte das grandes aventuras começam. Só que isso não quer dizer que sempre que você for se encontrar com alguém estará dando início a uma grande aventura. Se bobear, não estará dando início sequer a uma boa aventura. Entretanto, se você for com a cabeça aberta, sem se preocupar com o rumo que a história vai tomar, se você for sabendo que qualquer minuto passado com você é mágico, então é muito possível que vocês se divirtam pra valer.*

O original e mundialmente famoso
Livro de Exercícios das Campeãs

Chegou a hora de fazer um inventário pessoal! Oba! Este é o momento em que você dá uma boa olhada em todas as suas antigas relações e identifica por que e como se enfiou nelas e por que não deram certo. É importante que consiga identificar quaisquer padrões que você tenha em se apressar a entrar de cabeça nas relações, negociar quem você é para ficar com o parceiro ou se modificar para ser o que os outros querem que você seja. Esse tipo de autoavaliação é que lhe ajuda a desenvolver a habilidade de parar de repetir os padrões e os erros ao considerar a possibilidade de se relacionar. Assim, da próxima vez que você estiver toda apressadinha para se enfiar numa relação e tentando chegar logo a uma definição, conseguirá pensar no que está fazendo. Pergunte-se por que deseja tanto se relacionar com alguém. Por que está com tanta pressa de oficializar a coisa? Por que você está mais preocupada em se relacionar do que em ter uma relação de qualidade?

Preparar... apontar... Fogo!

Parte dois
aproveite cada segundo do encontro!

AVISO!

É muito provável que o encontro que você está prestes a ter não dê em nada. A maioria não dá em nada mesmo. A vida é assim. Mas se usados adequadamente, os encontros podem ser um jeito formidável de se passar uma noite e conhecer alguém que, assim como você, espera algum dia conhecer alguém bacana, e assim pelo menos vocês têm algo em comum.

Encontros combinados com o uso de álcool podem ser danosos. Use a substância apenas de acordo com o recomendado.

Como seus "doutores" dos encontros, prescrevemos que você tenha o máximo de encontros possíveis para aliviar a pressão causada por só ir a um encontro uma vez por ano.

10

a essência de segurar a onda

E a arte de curtir cada segundo do encontro

Bem-vinda à segunda parte da experiência de *É só um encontro*. Aqui você aprenderá a pegar todos os seus erros, bobeiras e conceitos errados do passado e fazer uma fogueira bem grande com eles, chamada "dane-se" porque eles são passado e você, futuro.

Agora você é oficialmente uma pessoa que tem encontros marcados. Não é nenhuma "ficante", mas uma pessoa que tem encontros de alto nível. Quando alguém tentar derrubar a pontapés as portas de aço para seu tão estimado coração, terá de se esforçar para merecer sua companhia exclusiva.

Até aqui você já leu e está pronta para consolidar seus conhecimentos sobre os princípios superextraordinários para um encontro ultracampeão. Já sabe que existem vários fatores que influenciam qualquer encontro, desde como você encara e aborda o encontro em si (você fica com coceira, taquicardia, diarreia verbal?), como você se prepara (precisa de uma dose de uísque antes de abrir a porta da frente?), como se comporta (elegante, nada de tapinhas de mãos nem soltar pum) e o que veste (calcinha sim, tamancos de plástico, não!). Quais são exatamente os assuntos permitidos em um primeiro encontro. (Afaste-se de funções corporais, problemas familiares e ex-namorados.) É preciso se preocupar com a depilação e com a lingerie? (Sempre, pois nunca se sabe quando um acidente de carro pode rolar, já pensou? Mas é um segredinho só seu.) O que ele está pensando quando faz X,Y & Z? (Para, né? O que VOCÊ está pensando quando ele faz X,Y & Z?) A próxima parte de nosso excelente livro é dedicada a como conseguir marcar encontros e como aparecer neles.

Ir a um encontro é como ir dar uma volta de montanha-russa pela primeira vez. Depois que decidiu entrar no carrinho e apertou o cinto de segurança, você não faz a menor ideia do que está por vir. Dá medo, né? Claro que dá, mas também pode ser muito divertido ou até mesmo assustadoramente divertido. Um encontro precisa ser divertido, ou pelo menos relativamente tranquilo, mas de alguma forma tornamos o encontro um vilão ou um inimigo na busca por um amor.

Sim, pode haver um grau de medo mesmo diante da possibilidade de se encontrar alguém bacana para namorar (o que não é nada fácil), pois temos que nos preocupar com muitas coisas: como chamar a atenção dele, o próprio encontro em si, jogar para ganhar, não transar logo de cara nem assustar um ao outro, não projetar os planos de um casamento futuro nem reagir a situações que não aconteceram e que talvez nem aconteçam. Isso sem contar com a possibilidade de rejeição, ohhhh a picada cruel da rejeição que lhe tortura enquanto dissolve sua autoestima feito manteiga numa torrada quente. É um completo redemoinho! Uma confusão de emoções toca um rebu em sua cabeça. Então por que você tolera uma coisa dessa? O redemoinho só acontece porque você faz isso consigo mesma. Quando você coloca esse tipo de pressão em qualquer coisa, inclusive nos encontros amorosos, a coisa perde a graça e não tem nada de divertido. Como poderia ser quando é só um encontro, cacete? Por que não enfrentar cada desafio à medida que eles forem aparecendo, em vez de tentar prevê-los todos antes de sair de casa? Que diabo, por que encarar tudo como um desafio e não como uma oportunidade? Os encontros são uma oportunidade de se conhecer outro ser humano, com todas as suas esquisitices e qualidades. Como isso poderia deixar de ser divertido? Mesmo uma porcaria de encontro dá uma boa história no dia seguinte para você contar às amigas. Sabemos que é mais fácil falar do que fazer... será mesmo? Aqui vai uma prévia do que se encontra adiante para lhe guiar na busca por encontros amorosos, na ida a tais encontros sem botar tudo a perder.

Os 6 passos essenciais do sucesso nos encontros:

Passo número 1: Não existe um lugar certo para conhecer os caras
Onde estão os garotos

Passo número 2: O poder da sugestão
Como ser convidada para sair

Seção bônus: Encontros on-line de primeiríssima qualidade!
Arrastando o mouse

Passo número 3: É só a p*@#a do primeiro encontro!
Como arranjar um ótimo primeiro encontro e ser uma ótima companhia

Passo número 4: Avaliação do primeiro encontro
A comunicação e o próximo passo certo

Passo número 5: Os próximos encontros
Estabeleça o andamento de seus encontros e a fórmula do sucesso

Passo número 6: Exclusividade sexual
Mandando ver e fechando o acordo

Sem querer exagerar, mas sair com alguém em um encontro amoroso é tudo que temos nos próximos cem anos até que tenhamos marcado em nossos macacões prateados um código de barras que nos relacione a nossa cara-metade pré-selecionada. A propósito, no futuro todos viveremos na estação espacial mas pelo menos poderemos vestir macacões prateados. Como já mencionamos, a maioria dos encontros que você terá não dará em nada assim como a maioria das relações não dará certo... ATÉ QUE PINTE UMA QUE FUNCIONE. Mas é essa relação que todos procuram e você ainda não desistiu porque no fundo acredita que quando encontrar aquela pessoa especial, você olhará para trás e verá que valeu a pena ter passado por tudo que passou. Vale a pena achar a pessoa especial todos os dias da semana e duas vezes no domingo.

É por isso que dizemos:

APROVEITE CADA SEGUNDO DO ENCONTRO!

11

ESSÊNCIA NÚMERO I
não existe um lugar
certo para conhecer
os caras

Onde estão os garotos

"Não há ninguém para se namorar" e "………. (complete com o nome de sua cidade, do seu estado, país, escola ou continente) é o pior lugar para se namorar." Essas são as duas queixas mais comuns que ouvimos de todos os solteiros com quem nos encontramos desde quando começamos a escrever livros sobre relacionamentos. Assim, ou namorar em outro planeta é moleza ou então encontrar alguém para namorar é um problema mundial. (Apostamos todas as nossas fichas na última hipótese.) Aqui vão a boa e a má notícias: Não Existe Um Lugar Exclusivamente Bom Para Se Conhecer Alguém. Onde quer que haja pessoas é um bom lugar para se conhecer um potencial namorado. Sério, até o necrotério pode ser um lugar se o legista for gostosão e vocês travarem um contato visual. Não se trata de aonde você vai, pois em todo canto tem homem... com exceção de locais exclusivamente para mulheres como o banheiro feminino e a Associação de Amas de Leite e quem é a louca que quer namorar um cara que comparece às reuniões de amamentação? Esses caras que você vê em praticamente tudo quanto é canto estão na esperança de encontrar você também. Além do mais, ao contrário do que você pensa, a questão não é bem "onde".

Se você estiver prestando atenção, sabe que na hora H estabelecer uma conexão ou causar um impacto tem mais a ver com quem você é do que com *onde* você está. Quem você é atrai a atenção dos outros e aí, só pode acontecer uma das duas coisas: ou encanta ou afasta. Nosso lema é: Por que bancar a chatinha sem graça quando se pode ser deslumbrante?

Vamos expandir esse conceito pois ele utiliza vários dos princípios superextraordinários para um encontro ultracampeão. Quem você é quando vai a qualquer lugar neste mundo (ou seja, o que você projeta para os outros) determinará que tipos de pessoas você atrairá e como os outros reagem a você. O objetivo é fazer com que reajam, sintam-se atraídos e sintam curiosidade em relação a você. Assim, depois que você colocar em prática todos os princípios superextraordinários para um encontro ultracampeão, começará a atrair novas pessoas. Se você gosta de si mesma e sabe do seu valor, agirá de maneira segura, o que é deslumbrante. Se sua vida for agitada, gratificante e interessante, você emitirá esse tipo de energia que é visto como deslumbrante. Depois de se dar ao trabalho de se analisar dos pés à cabeça e o que estiver no meio do caminho, você radiará o magnetismo de uma mulher calma e tranquila, que tem alguns padrões sérios e é, isso mesmo, deslumbrante. Sejamos realistas: você não está a fim de conhecer *qualquer um* porque qualquer um simplesmente não serve, senão você já teria se acomodado com aquele carinha que vomitou em você na feira de ciências da escola. Você deseja conhecer alguém que se valorize tanto quanto você se valoriza (outro cara do tipo ultracampeão) com quem você talvez tenha algo em comum ou compartilhe um interesse, certo?

Agora que sabe *quem* você precisa ser quando sair (uma mulher radiante, centrada, supergostosa, que tem amor-próprio, sabe do seu próprio valor, leva uma vida interessantíssima, mesmo quando fica em casa sem fazer nada), precisamos voltar ao *aonde* você deve ir. Se deseja conhecer alguém com quem compartilha algum interesse, você precisa fazer uma seleção criteriosa de lugares onde seja possível encontrar um pretendente adequado. Existem as ideias óbvias, tipo ir ao parque ou participar de um grupo de caminhada caso você curta atividades ao ar livre e deseja encontrar um homem assim. Ou se mandar para as galerias e museus se quiser encontrar um outro apreciador de arte como você. Claro que são sugestões válidas (para não dizer previsíveis), mas achamos que você deve **ser específica quanto a quem você é e onde brilhará mais quando estiver decidindo aonde ir para conhecer um cara superbacana.** Quando estamos em um lugar com o qual temos muita afinidade e sentimos um enorme prazer de estarmos lá, temos muitas chances de nos sentirmos à vontade, seguras e magnéticas. Todos esses pontos são vantagens espetaculares quando se trata de atrair futuros parceiros. Então, pense bem, onde você adora estar? O que você adora fazer? Que lugar favorece que você se comporte da melhor maneira? (Além de sua casa, onde não há outros seres humanos para você namorar.) Esses são os locais onde você tem mais chances de ser uma pessoa que atrai e desperta o interesse dos outros e onde você encontrará alguém que tem mais a ver com você. Entendeu bem?

Você adora o Coldplay? A música deles faz sua alma estremecer? Então vá aos shows da banda, onde haverá outras pessoas que curtem o som dos caras e onde certamente vão lhe achar gostosa, onde você transpirará alegria e mostrará seu lado mais exótico e deslumbrante. Se por acaso você conhecer alguém no show do Coldplay, então já sabe que vocês têm uma coisa em comum sobre a qual poderão conversar sem parar. Ou se você for uma ambientalista de carteirinha, então envolva-se e mantenha-se envolvida com as causas verdes, eventos para angariar fundos ou protestos regulares e vá conhecer outros ativistas. Mesmo que você só conheça mulheres interessantes, não tem problema, pois às vezes as mulheres têm amigos e irmãos. Se você for com a cara de uma mulher, provavelmente gostará de seus amigos e irmãos e então poderá pedir para que ela lhes apresente.

Obviamente você pode ir a barzinhos e casas noturnas caso se sinta maravilhosa nesses lugares, mas geralmente as pessoas que frequentam esses locais não estão à procura de um relacionamento sério, mas de alguém para "ficar", se divertir e transar. Sem contar que qualquer lugar onde beber é a principal atividade é um território perigoso para quem quer namorar. Ah, pessoal, dá um tempo! Já discutimos isso. Os lugares aonde você vai passam uma mensagem para as pessoas ao seu redor, porque elas estão nesses lugares provavelmente pelas mesmas razões. Um bar diz: "Gosto de beber e de me divertir sem compromisso, só como válvula de escape." Uma boate diz: "Gosto de dançar, curto música, bebida e diversão sem compromisso." Restaurantes "naturebas" dizem: "Trato o planeta e o meu corpo com seriedade. Tento me cercar das melhores opções para mim e penso muito nisso... e provavelmente eu me amarro em ioga." Uma oficina mecânica diz: "Sei muito bem cuidar das coisas e sou uma mulher autossuficiente que fica bem gostosinha com as roupas informais usadas para cuidar do carro nos fins de semana."

Certo, sabemos quem você precisa ser quando sai para atrair os caras, aonde deve ir para filtrar os tipos de homens, agora só depende de você. Nem todo cara que você gostaria que lhe abordasse vai se aproximar. É triste, mas é verdade... ainda não aperfeiçoaram as técnicas de controle mental. Então há momentos em que cabe a você quebrar o gelo e atrair a atenção para o seu "deslumbre" ou seja lá como queira chamar seu lado hostil. É claro que você pode ver um cara que deseja conhecer, se aproximar, apresentar-se e esperar que role um papo que o faça perceber que você é bacana. Mas por que não ver um homem que você deseja conhecer e simplesmente agir de maneira deslumbrante logo de cara?

DEIXE-NOS MOSTRAR COMO SE FAZ...

Situação: Você está em um restaurante. Ele é um gato, mas está envolvido num papo com os amigos e não lhe vê.

POSSÍVEL APRESENTAÇÃO CONSTRANGEDORA:

"Que hambúrguer maravilhoso, né? A propósito, eu sou Jen."
(É possível que esta abordagem seja constrangedora porque pode ser que ele não queira ser interrompido e, consequentemente, não lhe dê a menor bola.)

APREJENTAÇÃO DEJLUMBRANTE:

"Posso usar seu ketchup?"

(Espere pelo ketchup)

"Posso pegar uma batatinha frita para acompanhar?"

(Espere a batata e um sorriso ou uma risada do gatinho que gosta do seu jeito esperto e fica satisfeito ao ser interrompido por você.)

"Obrigada. Pode colocar na minha conta. Meu nome é Jen."

(Nossa, deslumbrante!)

O lance do ketchup poderia ser uma garota tentando paquerar um cara OU simplesmente uma garota segura e charmosa querendo comer uma batatinha frita e pode ser repetida em qualquer situação. Há sempre uma maneira de se destacar sem ser óbvia demais e sempre uma maneira de se socializar sem deixar de ser deslumbrante. No início dá um trabalhinho mas depois que você pega o jeito, a coisa "vai pro sangue". Daí fica como abelha no mel.

Outra coisa que você precisa saber é que paciência e persistência fazem parte do processo de se conhecer caras maneiros. Só porque "ele" não estava no lugar onde você foi procurá-lo não significa que ele não esteja lá da próxima vez. Então, não varie: vá sempre aos lugares onde seja fácil para você mostrar seu lado mais bacana. Descubra uma porção de lugares onde você possa mostrar seu lado mais confiante, elegante, sensual e saia mais de casa!

Ah, sim, e tem ainda a internet! A rede mundial é como uma mina de solteiros 24 horas por dia, onde se encontram várias possibilidades de se conhecer pessoas. Basta que se tenha paciência para apontar o cursor e clicar na sala de bate-papo. Existem páginas específicas de namoro, assim como páginas de interesses especiais, salas de bate-papo e páginas de estilo de vida, tudo para que as pessoas se conectem. Se você criar um perfil no MySpace ou se inscrever em um site de relacionamentos, é difícil não conhecer gente mas é preciso muita atenção para realizar uma triagem antes de se estabelecer uma relação virtual. Procurar alguém on-line tem uma grande desvantagem que é o tempo consumido pela tarefa. Por outro lado, entretanto, é possível se atingir milhares de pessoas e ainda procurar um amor sem sair de casa nem se arrumar toda. Só tenha cuidado para que a internet não substitua sua vida social. Seria uma péssima ideia.

CERCADA POR HOMENS SOLTEIROS
AMIIRA

Quando estamos procurando parceiros potenciais é importante considerar todas as possibilidades. Onde você se destacaria? Além de frequentar aqueles points onde você abala e causa pelo fato de estar em um território muito seu, que tal tentar dar uma passada em lugares onde você seria como uma estranha no ninho? Eu gostaria de contar sobre o momento de minha vida em que recebi o maior número de convites para sair porque eu me destacava de maneira exótica e deslumbrante.

Quando eu era solteira, resolvi fazer aulas de golfe. Não tinha a menor intenção de conhecer nenhum cara; só queria mesmo aprender a jogar. A maioria dos homens na minha área profissional praticavam o esporte e realizavam reuniões de negócios durante uma partida, o que eu achava sensacional e que me deixava morrendo de vontade de fazer o mesmo. Conseguir estar ao ar livre e passar de três a seis horas jogando golfe em vez de ficar no escritório era muito tentador para uma garota como eu, que prefere a luz do sol às lâmpadas fluorescentes. Bem, comecei a fazer as tais aulas com um senhor muito fofo, chamado Ed, que me lembrava meu avô. Eu adorava as aulas de golfe porque Ed era divertido e sábio e, além disso, aperfeiçoar minhas jogadas era uma experiência muito zen, na qual fiquei viciada.

A tranquilidade característica das aulas de golfe contrastava-se completamente com todos os outros aspectos de minha vida. Basicamente, minhas aulas de golfe eram um tempo que eu dedicava a mim mesma, durante o qual eu me esquecia de tudo, sentia-me feliz e concentravame no momento presente. Eu vivia o momento com um propósito. Não percebi a princípio porque eu estava apenas aperfeiçoando as jogadas e aprendendo tudo sobre os tacos e o que era possível fazer com eles, mas vários caras se juntavam para assistir às minhas aulas. Na verdade, eles ficavam assistindo a mim e então esperavam a aula terminar para puxar papo comigo. Ed percebeu aquele alvoroço e começou a mandar os caras sumirem dali para não me incomodar, pois ele era como meu avô e não precisava de um bando de desocupados curiosos interrompendo nossas aulas.

Estou tentando chamar a atenção para o fato de que eu me destacava ali naquele clube de golfe, onde eu era exótica e deslumbrante por alguns outros motivos. Primeiro, eu era praticamente a única mulher na área ou uma entre talvez três em um fim de semana movimentado, comparando-se à centena de homens que passavam durante o tempo que eu ficava por lá. Segundo, eu tinha um objetivo firme do qual eu não me distraía facilmente porque eu realmente curtia o que estava fazendo e tinha o desejo e a disposição para aprimorar meu desempenho no esporte. Em terceiro lugar, eu não estava à caça de um namorado, o que para os padrões masculinos é provavelmente a mesma coisa que fazer jogo duro, e como eu estava em um ambiente esportivo, dá para imaginar que havia homens que adoravam um desafio e meu desinteresse era desafiador para eles.

Nem preciso dizer que nunca recebi tantos convites para sair em toda a minha vida. Talvez eu estivesse com sorte e talvez tenha sido porque eu era a única garota na área e os caras agradeciam a Deus por encontrarem uma mulher que gostava de golfe! De qualquer forma, eu era exótica e deslumbrante e, assim, eu iluminava o lugar (o que é um feito e tanto para um local ao ar livre) e todos me percebiam.

A NOVA LEI DA ATRAÇÃO
GREG

Eis o que sei sobre atração. Definitivamente, não se trata apenas do visual. Os seres humanos emitem uma vibração quando estão felizes e estão, creio eu, mais felizes quando se encontram mais próximos do sonho, seja lá qual for. Sei que sou homem, mas, por favor, preste atenção no que tenho a dizer e veja se concorda e se faz sentido.

Adoro as mulheres desde quando atingi uma idade na qual percebi sua existência. Praticamente todas as minhas ações a partir dos quatro anos de idade foram realizadas em um esforço para que eu pudesse me aproximar delas. Sempre fui muito bom aluno da vida, mas um mau aluno de mim mesmo. Vou dar um exemplo. Quando eu era mais novo, a melhor maneira de descolar a garota que se queria era praticando esportes. O futebol em especial era mesmo uma ótima forma de se fazer notado, logo, obviamente, eu jogava bola. Eu era um desastre – um perna de pau dos infernos. Nem é preciso dizer que eu não faturava nenhuma garota. Porém continuei insistindo no mesmo caminho porque eu não entendia que não era o futebol que atraía as meninas, mas como o esporte fazia com que os bons jogadores se sentissem e como eles se projetavam. As meninas não gostavam do Todd Leitz só porque ele era supersexy e jogava bola, mas porque ele gostava de si mesmo e adorava ser bom jogador. Joe Malatesta também era bonitão, mas sempre se dava mal. Não chovia na horta do Joe.

Somente quando comecei a fazer aulas de teatro na faculdade foi que comecei a entender esta ideia de quem você é quando está mais próximo do seu próprio sonho. Minha mãe sempre me deu força para fazer alguma coisa em teatro pois ela me achava engraçado. Sempre achei que essa história de teatro era uma babaquice para mariquinhas. Bem, por mais estranho que pareça, eu me destaquei na área e não sou nem babaca nem marica e, de repente, começaram a pintar as garotas. Talvez pela primeira vez na vida eu me encontrava em um lugar onde eu me sentia à vontade em ser eu mesmo e isso ficou evidente. Eu ainda não sabia, mas estava me aproximando do meu sonho. Naquele mesmo ano me convidaram para participar de uma banda. Choveu mais garotas. A vida estava uma maravilha e eu, sendo mais eu do que nunca.

Daí veio a desgraça. Eu me formei e me mudei para San Francisco. Nada de banda, nada de teatro e comecei a trabalhar como garçom. Nada de garotas. Então minha mãe ligou e disse que um grupo de improvisação estava realizando testes. Passei no teste e duas semanas depois um colega do grupo sugeriu que eu tentasse fazer *standup comedy*. Segui o conselho. Curti a parada. Pintaram garotas! Quando falo em garotas, não estou me referindo apenas a sexo. Estou dizendo que foi a época em que elas me acharam mais atraente. Aceitavam meus convites para sair e eu levava as rejeições numa boa porque eu sabia o que elas estavam perdendo quando diziam não. A maneira com que eu me relacionava comigo mesmo se refletia diretamente em meus relacionamentos. E minha relação comigo mesmo correspondia com minha proximidade da vida que eu sonhava ter.

Eu sonhava ser um ótimo comediante, de forma que não é surpresa nenhuma que eu tenha conhecido minha esposa depois de ter gravado meu primeiro programa na HBO. Não estou dizendo que sou um ótimo comediante. Estou dizendo que eu estava neste mundo tentando realizar o que acho que era minha missão. Eu estava feliz e assim meu senso de lugar e propósito me deixarem atraente para a garota dos meus sonhos. É tudo uma questão de definir qual é o seu sonho. Está bem aí na sua cabeça, a coisa que você faria sem pestanejar se pudesse torná-la realidade como num passe de mágica. Essa é a pessoa que você está esperando se tornar e essa é a pessoa que você precisa ser ou estar em vias de se tornar para atrair a pessoa certa. Se você atrair alguém enquanto não estiver na busca do sonho e então, de repente, você sentir vontade de ir à luta, a pessoa pode não querer lhe acompanhar ou, pior ainda, ela pode tentar lhe impedir. Vá em busca do sonho primeiro.

AMOR NA COPA DA EMPRESA

"E se o lugar em que consigo mostrar meu lado mais bacana for o escritório, onde é proibido se relacionar com colegas?"

Está aí uma boa pergunta e a nossa resposta pode surpreender um pouco. Não achamos uma boa ideia descartar qualquer lugar onde se possa estabelecer uma conexão romântica. (Está certo, talvez a prisão.) Três dos casais mais felizes que conhecemos se conheceram no trabalho, inclusive os pais de Greg.

Não queremos que você perca o emprego ou que faça escolhas absurdas em sua carreira só porque a pessoa da baia ao lado tem uma bundinha gostosa. Entretanto, jamais lhe diremos para descartar o ambiente de trabalho como um local para descolar um namoro. Em que outro lugar você vai encontrar alguém com a mesma paixão por ferragens além da ferraria? Já deu para entender, né? Quando o casal se conhece no trabalho já existe conforto e interesses comuns, pois os pombinhos compartilham do mesmo trabalho e dos mesmos colegas. Eles já podem usar o escritório como motivo de conversa e ainda desfrutam da oportunidade de passar um bom tempo se conhecendo como amigos e colegas de trabalho. Embora a gente ache que o escritório seja um bom lugar para conhecer pessoas, é preciso que você entenda o que está em jogo... seu trabalho. E como você se sente com relação à possibilidade de ter de trabalhar com seu ex? É complicado, mas não significa que não valha a pena tentar para ver se encontra a pessoa certa. É preciso decidir o que é mais importante: arriscar para ver se é o cara da sua vida ou zelar pela estabilidade do emprego.

Aqui vão algumas dicas para lhe ajudar a decidir se essa pessoa justifica que você arrisque seu emprego e sua sanidade, e algumas sugestões para buscar um amor no trabalho. Com isso esperamos que você não seja mais uma das muitas pessoas que queimam o filme com romances tórridos no escritório.

* Sua empresa mantém alguma política contra namoro entre colegas? Quais as consequências? É condenável? Existe o risco de demissão? A maneira com que é visto um romance entre funcionários varia entre os diversos níveis hierárquicos dependendo da empresa, e provavelmente outro obstáculo a ser superado é: Como seu superior imediato encara a situação? Será que você corre o risco de perder o respeito dele? Será que é possível que ele mude a maneira como trata você ou quem sabe até torne insuportável a convivência no escritório?

* Que grau de importância este trabalho possui na sua vida? Você está em um emprego onde pretende fazer carreira, onde pretende ficar só enquanto não arranja coisa melhor ou é simplesmente onde você bate o ponto todos os dias? Esta avaliação também tem um papel importante em sua decisão. Se pretende fazer carreira nesta empresa, melhor segurar a onda até que a pessoa que lhe interessa arranje outro emprego. Talvez até você possa conversar com seu supervisor sobre a situação. Talvez você possa se transferir para a lanchonete do outro lado da rua ou talvez nunca mais volte a trabalhar nesta empresa e não esteja nem aí para as consequências, pois esta pessoa é tão bacana que vale a pena procurar um novo emprego.

* Você acha essa pessoa um tesão ou essa é sua cara-metade pela qual você deve arriscar tudo para não se arrepender depois? Às vezes é complicado decidir qual a diferença, pois o escritório é como um universo paralelo. Trabalhar na mesma empresa é praticamente como namorar, pois vocês passam um

tempo enorme juntos, estão sempre conversando e acabam se conhecendo bem no confinamento do escritório. Com certeza você pode aprofundar uma intimidade com um colega e acabar tornando confusos seus sentimentos por ele. Quando se trabalha com alguém, cria-se uma intimidade, um elo, uma relação que possui seus próprios códigos, brincadeiras e piadas particulares. Isso por si só pode ser confuso e você pode se sentir incapaz de decidir se o que sente é uma atração ou amor. E só porque vocês combinam bem como colegas não quer dizer que combinarão fora do escritório ou sob a pressão e julgamento dos outros colegas e chefes. Caso tenha decidido chutar o pau da barraca e mandar ver, aqui vão algumas diretrizes a serem consideradas.

* Discrição é a palavra de ordem. Respeitem o local de trabalho e cuidem da reputação. A Cleonice da baia ao lado não precisa ficar sabendo que tipo de cuecas ele usa para dormir.

* Vão se agarrar em outra freguesia. Mantenha a integridade profissional do local de trabalho e deixem para se pegar depois do expediente.

* Definam direitinho o lance que vocês têm. O que está rolando é um casinho ou uma relação séria? Saibam no que estão se metendo, pois ter que ver o ex todos os dias e vê-lo namorando outra não é brinquedo não.

* Pergunte a si mesma se o que vocês têm é gostosinho por ser proibido ou se é porque você gosta muito dele. Caso não consiga decidir, é porque você está nessa pelos motivos errados.

Vamos parando de inventar desculpas!

* Por que diabos tenho de sair de casa quando posso achar alguém na internet, sem ter que me arrumar toda? *Porque a vida é para ser vivida e, além do mais, se você está arrasando corações na rede, imagina só como vai ser divertido sair! E tem mais: Já pensou que cara maravilhoso você poderá atrair quando estiver toda arrumada, sem estar caçando? Entendemos bem que é delicioso não ter que tentar nem mesmo se expor, pois o negócio não é mole! Mas acredite: depois que rolar, você não vai se arrepender de ter tirado a bundinha da cadeira e ter se encontrado cara a cara com outro ser humano. E, mais importante e verdadeiro: só dá para se conhecer mesmo alguém quando se está pertinho, pessoalmente. O melhor cartão de visitas que alguém pode ter é a maneira com que se entra num lugar ou como se ri. Até mesmo ouvir a forma com que ele arrota depois de tomar uma cervejinha é muito mais interessante do que ler no perfil do MySpace que ele adoraria conhecer a Kelly Clarkson. Sem contar que as chances de se conhecer a Kelly ou seja lá quem for são muito maiores quando se sai de casa.*

A Supercartilha dos Encontros
Aproveitando cada segundo

Chegou a hora de pensarmos um pouco sobre os lugares onde você poderá encontrar potenciais parceiros. Tomara que durante a leitura deste capítulo você tenha parado para pensar nos lugares que lhe fazem se sentir o máximo. É claro que todo mundo sabe que é possível encontrar um amor nos lugares mais aleatórios e previsíveis e no fundo não dá para controlar nada disso. Mas também sabemos que só temos a ganhar quando nos respeitamos e frequentamos os lugares onde mostramos nosso lado mais bacana, com nosso melhor visual, projetando segurança e felicidade. Vamos descobrir que lugares são esses.

Faça uma lista com os cinco ambientes onde você se sente melhor. (Seja específica. É andando na avenida mais badalada da cidade ao anoitecer? É caminhando na praia em um dia absurdamente quente?)

1.
2.
3.
4.
5.

Faça uma lista com os cinco lugares aonde você sempre quis ir. (Pode ser um restaurante, um parque, uma exposição ou até mesmo uma viagem.)

1.
2.
3.

4.
5.

Faça um lista com seus cinco lugares preferidos em sua cidade.

1.
2.
3.
4.
5.

Faça uma lista com as cinco coisas que você queria ter feito, mas ainda não fez. (Voar de asa-delta? Comer sushi? Comer sushi enquanto voa de asa-delta?)

1.
2.
3.
4.
5.

AGORA CAPRICHE NO VISUAL E VÁ À LUTA!

12

ESSÊNCIA NÚMERO 2
o poder da sugestão

Como ser convidada para sair

　Bem que seria ótimo que você não tivesse mais nenhum trabalho agora que já sacou *aonde* deve ir, *quem* você deve ser ao chegar lá e *como* conhecer o cara certo, mas ainda falta muito para completar o serviço, amiga! Não sei se você percebeu, mas hoje em dia não anda chovendo trilhões de caras a fim de convidar uma garota para sair. Será que é muito mais fácil convidar as mulheres para "dar uma saidinha" ou "ficar" do que para sair de verdade? Pelo jeito, sim. Balbuciar alguma coisa do tipo: "Pô, aê, vai rolar um churrasco lá na casa do Bernardo esse fim de semana" está em menos cinco na escala de dificuldade, enquanto a coragem de dizer: "Quer jantar comigo na sexta-feira?" é pelo visto um desafio consideravelmente mais complicado ainda.

　Como explicamos logo no primeiro capítulo, quando rola um convite para "dar uma saidinha", participar de "um programinha" ou "ficar", o nível de expectativa em ambos os envolvidos é consideravelmente mais baixo, pois o que fica implícito é que tanto faz como tanto fez se a pessoa topa ou não. Outra coisa: os caras aproveitam as saidinhas e os programinhas com a rapaziada para ver se gostam mesmo de você a ponto de lhe convidar para uma saída mais séria e oficial. Ou seja, o cara se sente menos exposto e menos vulnerável à rejeição (mesmo que ele passe o tempo todo com uma suadeira nas mãos) e a expectativa da mulher no que se refere ao significado do encontro é muito menor. Menos ameaçador, menor nível de comprometimento, menor definição – está aí uma fórmula completamente campeã para um cara. Então, por que não é campeã para a garota também? Porque as mulheres gostam das coisas definidas, gostam de saber qual é o jogo, o que está rolando, quem são os jogadores e onde pisam. É por isso que as mulheres que querem *namorar* precisam parar de aceitar os convites sem-vergonha de programinhas mais sem-vergonha ainda e fazer do encontro uma oportunidade mais fácil para os homens compreendê-las. Você é quem deve decidir adotar a filosofia do **É Só Um Encontro!** (abrir mão do processo sem abrir mão de si mesma) e eliminar a pressão e a expectativa da situação de forma que os caras consigam encarar os encontros como uma coisa boa, sem ficarem bolados. Do contrário, os homens continuarão nessa de NÃO convidar as mulheres para sair e as mulheres continuarão a se encarregar do trabalho mais pesado ou, pior ainda, a aceitar os termos dos cuecas e se contentar com encontrinhos meia-boca.

Amiga, nem todo cara que você deseja vai lhe convidar para sair. Alguns não se interessarão, outros sofrerão de timidez e outros vão preferir não marcar um encontro com você devido a uma leve alergia a até mesmo essa pequena forma de compromisso. Isso se aplica tanto à situação em que vocês estão cara a cara quanto à caça on-line. E aí? É uma boa dar seu telefone para ele? Ou seu cartão de visita? Divulgar seu e-mail no perfil do MySpace? O objetivo é fazer com que ele peça essas coisas. Logo, cabe a você **dar os sinais corretos** e tornar o convite fácil e atraente quando você se encontrar numa situação na qual o cara de quem você está a fim não tome a iniciativa. Como dissemos no último capítulo, você pode conhecer quem você quiser uma vez que estiver envolvida em algum nível de conversa ou de azaração, mas é provável que você tenha de criar as oportunidades. Em alguns momentos você precisará insinuar que seria uma pena que se perdesse a oportunidade superbacana de marcar um encontro romântico. Como se faz isso? Agindo com segurança, sendo deslumbrante e *possivelmente* estando disposta a arranjar um tempinho para ele em sua agenda.

OLHA SÓ COMO É QUE SE FAZ:

Exemplo: Digamos que um cara venha mandando uma letra, insinuando a possibilidade de vocês se encontrarem, sem no entanto lhe convidar para sair. Em vez de concordar com um futuro encontro indefinido, você lhe dá algumas escolhas específicas.

> "Poxa, me desculpe, mas na minha agenda só tem espaço para uma saidinha no próximo milênio, mas eu teria um tempinho para um jantar na quinta-feira ou um café da manhã no sábado. São os únicos dias em que posso, porque depois vou ter de viajar para prestar contas ao chefe da equipe de espionagem para a qual trabalho."

Caso o cara se mostre inseguro quanto a definição de um encontro sério, ou o negócio dele é só uma bimbada mesmo ou então ele não está tão interessado e só está falando em "saidinha" da boca pra fora.

Exemplo: Vocês estão numa festa e ele, do outro lado do salão, volta e meia lhe dá uma secada. Caso ele não chegue junto em momento nenhum, mesmo depois de você ter correspondido com vários sorrisinhos e seu olhar 43, você faz um sinal para que ele se aproxime. Se ele não se aproximar, já sabe, né, amiga? Agora, caso ele cruze o salão e venha ao seu encontro, você manda uma do tipo...

> "Menino, fiquei sem saber se você estava olhando para cá porque queria conversar comigo ou porque tinha um relógio bem atrás de mim. Então resolvi lhe dar uma oportunidade de me convidar para sair ou olhar as horas bem de perto."

Das duas, uma: ou o cara vai ficar aliviado com seu senso de humor ou totalmente assustado. Em ambos os casos, você poderá dar uma risadinha, muito segura de si mesma.

Exemplo: Você está de papo com vários caras e se divertindo com todos eles, mas nenhum a chama para sair.

"Gente, que chato! Estou cercada por um monte de gatinhos e nenhum deles soltou nem um miau para mim... É uma pena, porque estou com duas entradas para o Maracanã no domingo que vem e vou ter que usar uma delas com outro..."

A propósito, ter ingressos para um evento esportivo é um jeito fácil de descolar um convite para sair. Vale a pena comprar alguns. Você pode ir ao estádio e se divertir com uma amiga (além disso, há sempre gatinhos solteiros assistindo aos jogos), dar alguns ingressos de presente e usar as entradas para os melhores jogos para descolar um encontro com um gato!

Exemplo: Você está em qualquer lugar com aquele gatinho que você quer que lhe convide para sair.

"Sabe o que eu acho? Que você deveria me convidar para assistir ao Homem-Aranha 7 (ou qualquer que seja o filme bacana estreando) sábado que vem."

Às vezes temos que usar escancaradamente o poder da sugestão, mas a ideia é que ele lhe convide com certa antecedência para um encontro romântico sério.

Exemplo: Você está na internet e vê o perfil de um gatinho que lhe chama a atenção por ser fanático pelo U2 e pela foto que você simplesmente adora, só que ele não entra em contato com você. Então você manda um e-mail para ele.

"Olá! Acho que a gente se conhece de algum lugar. Você não é o gatinho que estava na 14ª fileira do *Fórum* no show do U2 e que trocou de lugar comigo para que eu não ficasse atrás daquele cara alto? Ou será que fizemos o ensino médio juntos? (Se for a última opção, você ainda é amigo do Zé?)"

É claro que é tudo conversa fiada, mas você está querendo causar alguma reação neste deserto de e-mails não respondidos e isso vai aumentar o interesse dele por dois motivos. Primeiro, que você é fã do U2 e estava sentada em uma ótima fileira, o que já é um clique a mais entre os dois. Segundo, todo mundo teve um colega chamado Zé, então ele achará possível vocês terem sido colegas de escola. Depois que ele responder ao e-mail, você pode descobrir que não se trata do mesmo cara do show, nem o da escola, mas daí vocês já terão dado início a um papo. Não nos levem a mal, meninas! Não queremos induzir ninguém a sair mentindo por aí, mas às vezes o mar não está para peixe e precisamos usar uma isca das boas.

Há vários meios de facilitar a vida dos caras e fazê-los nos convidar para sair. E, com certeza, alguns caras aproveitarão a oportunidade e outros, não. E DAÍ? Aqueles que não aproveitarem não são os caras certos para você e os que aproveitarem também podem não ser. É como um jogo de azar e é preciso sair com vários sapos até encontrar um príncipe.

AS JOGADAS

Quando um cara não lhe chama para sair, não lhe resta muitas opções. Você pode:

CONCLUIR QUE ELE NÃO ESTÁ INTERESSADO E TIRÁ-LO DA CABEÇA. O que, aliás, é uma ótima ideia, pois ninguém quer estar com um cara que não tem nem coragem de convidar uma garota para sair, né? Se depois de ter olhado, sorrido ou tirado-lhe a roupa com os olhos ele não se aproximar, ou o cara tem namorada, é gay ou então é um bunda-mole. Nenhuma dessas opções é boa para você.

CONVIDÁ-LO PARA SAIR. Opção com que a Amiira discorda veementemente. Ser uma mulher independente que pode assumir o controle de uma situação e partir para o ataque não significa que você possa mudar o fato de os caras gostarem de estar no comando da caça e quando as mulheres lhes privam disso, assumindo o ataque, eles perdem o interesse rapidinho. Assim, você poderá até descolar um encontro, mas dificilmente descolará "o cara".

DÊ UMA ÚNICA CHANCE IMPERDÍVEL. Criamos esta saída, que permite que as mulheres participem ativamente do processo sem ter de convidar o cara. Funciona assim: digamos que tenha um cara que lhe interessa muito, mas que não está se coçando para lhe convidar para nada. Aproxime-se como quem não quer nada, dê-lhe um tapinha no ombro e, com toda sutileza e confiança, diga-lhe que tem uma oferta única e imperdível para ele. Diga assim: "Preciso lhe dizer que uma janela de cinco minutos de oportunidade acabou de se abrir para você me convidar para sair. Depois disso não posso garantir que ela se abra de novo." Esta oferta insinuante é praticamente o mesmo que convidar o cara, pois você está informando que gostaria de sair com ele; só que quando você faz a coisa desse jeito, passa uma imagem de segurança e desperta o interesse do cara.

NÃO LEVE AS COISAS TÃO A SÉRIO. É só a p*@#a de um encontro! E se ele não lhe convidar para sair, é provável que você não esteja perdendo lá grandes coisas e que ele não seja o cara para você.

CONVIDANDO OS CARAS PARA SAIR
GREG

As mulheres podem convidar os homens para sair? Já ouvi esta pergunta milhões de vezes desde que *Ele simplesmente não está a fim de você* foi publicado. É que nesse livro afirmei com toda convicção que se um cara está a fim de você, ele vai te convidar para sair. Mas essa é uma crença *minha*. Eu e meus amigos fomos educados para convidar as mulheres. O universo, a ciência ou sei lá o quê criou as mulheres assim, lindas como são, de forma que tivéssemos que meter bronca e ir à caça. Nem consigo imaginar um pai neste ou em qualquer outro país sentado no quarto do filho e dizendo: "Tente ficar bonitão da próxima vez que a vir na biblioteca e quem sabe ela não o convide pra sair..." Também não estou dizendo que isso é o certo. As coisas são do jeito que são. E compreendo que isso tudo dá uma raiva dos diabos, mas não fui eu quem criou esse negócio; quem quiser que reclame para o bispo, brigue com a história e rebele-se contra os papéis desempenhados distintamente por homens e mulheres. Seria ótimo estar do outro lado. Dá um medo desgraçado convidar a mulherada para sair! Mas já que as mulheres menstruam e dão à luz, nós temos que assumir a responsabilidade de fazer pelo menos uma coisa que seja difícil. Isso quer dizer que as mulheres jamais devem convidar os caras? Não. Isso é ridículo. As mulheres pensam por si próprias. Mas isso significa que OS CARAS É QUE TÊM DE CONVIDAR AS MULHERES e pessoalmente acho que eles ficam melhores ou com mais méritos quando estão na posição de ataque. Essa era minha verdade. Entretanto, eu odiaria desencorajar alguém – homem ou mulher – de tomar parte em sua própria vida ou encorajá-los a ser vítima de suas próprias circunstâncias. Se acha que sua vida será melhor se você convidar um cara para sair, então como eu poderia lhe dizer para não fazer isso? Mas se você fosse minha irmã, eu lhe aconselharia a pegar pesado na paquera a princípio, cutucá-lo um pouquinho e se ele não agarrar a isca, esqueça...

OS SINAIS CORRETOS
AMIIRA

É claro que você tem um papel no processo quando o cara não consegue lhe convidar para jantar. O papel de barricada ou de porta da frente. A barricada elimina as chances de uma aproximação e a porta as abre. Só tem uma coisa: dar chance de aproximação não significa dar mole; significa apenas estar aberta às possibilidades. Enviar os sinais corretos para que o cara saque que é possível chegar junto envolve muita sutileza.

O visú

Um visú bacana obviamente aumenta a possibilidade de mostrar seu lado mais deslumbrante e dá a maior força pois já sabemos que os homens são criaturas visuais e, logo, reagem a estímulos visuais. Ou seja, um decotezinho, uma fenda na saia, tiras nos pés (que nos perdoe quem adora uma sandalinha rasteira, mas os homens reagem a uma sandália alta de tiras, mesmo se você for alta), uma tatuagem no ombro, nas costas, no pescoço... qualquer coisa que mostre a eles que você é mulher. Ah, e não deixe de passar um brilho labial, fazer alguma coisa nesse cabelo e de vestir algo que valorize suas formas! Não esconda o corpo em um saco de batata. Ainda que você seja gordinha, lembre-se de que as roupas folgadas lhe deixam mais gordas ainda. E, além disso, vamos parar de se esconder! Atualmente a gente encontra roupas baratas e bacanas para todos os tipos de corpo, mas é preciso procurar. A ideia é discretamente provocar nos homens uma resposta sexual – e quando digo "resposta", refiro-me a uma ideia, e não uma ereção.

Estabeleça um contato visual

Se você está a fim de um cara, olhe bem nos olhos dele. Estabeleça um contato visual e passe alguns segundos olhando fixamente para ele antes de desviar o olhar. Não passe muito tempo encarando, mas também não evite o olhar dele. A frequência e duração de seus olhares, seu contato visual, isso tudo é como um papo que vocês estão levando com os olhos. Este papo visual (às vezes chamado de "trepada visual") pode determinar se ele vai acabar te convidando ou para um encontro sério ou para uns amassos no banheiro, de forma que é melhor você tomar cuidado com esses raios lasers, pois eles podem te meter em confusão das grandes! Prefiro ir com calma e tentar induzir um papo visual, pois é uma ótima técnica de paquera e pode revelar várias coisas sem termos de dizer nada. Experimente fazer o seguinte: olhe, desvie o olhar (não para baixo, mas para o lado), olhe de novo, segure o olhar por dois segundos e então sorria, desvie o olhar, volte a olhar e segure por quatro segundos, com um sorrisinho bem discreto; dê uma mordidinha no lábio, ajeite os ombros de maneira que o movimento mostre seus dotes e abaixe a cabeça deliberadamente por um instante e então olhe novamente. Seus movimentos devem ser suaves, mas firmes de maneira que você passe total segurança, controle e ainda assim, curiosidade; nada de arreganhar os dentes como quem mal consegue acreditar que ele está olhando. Repita o procedimento até que ele tome uma iniciativa.

Paquera

O que é mais divertido do que paquerar? Quase nada. Embora se trate de uma habilidade natural para algumas pessoas, para muitas a paquera é algo a ser aprendido e desenvolvido. A paquera serve para que você se conecte a ele de um jeito lúdico que crie a sensação de familiaridade e o deixe com vontade de passar mais tempo com você. Além de ser um grande afrodisíaco, a paquera pode se tornar um vício. A atenção positiva da paquera é uma delícia e nos deixa querendo mais. Paquerar é estabelecer contato visual como descrito acima, agir de maneira divertida e sugestiva sem se mostrar assanhada nem vulgar, provocá-lo "inocentemente", usar o toque de forma insinuante para enfatizar seu interesse. É difícil descrever a paquera. Melhor procurar os vídeos das entrevistas de Drew Barrymore no programa do David Letterman para ter uma ideia.

Linguagem corporal

Esteja aberta... literalmente. Mantenha o corpo ereto, ombros para trás, queixo para cima e uma expressão muito simpática no rosto. Mostre-se aberta e receptiva à aproximação. Destaque-se em qualquer local e desperte nos homens a vontade de conversar com você. Gesticule com as mãos, provoque, mas não exagere na dose. A ideia é despertar o interesse sem parecer que você quer chamar atenção. A linguagem corporal revela como a pessoa se sente e quem ela é. Se quiser que alguém se aproxime de você, fique ligada para que sua linguagem corporal diga que é seguro puxar papo. E isso serve para você também, gótica!

Envolvendo o cara

Mostre-se interessada e seja interessante. Atraia-o dando-lhe atenção e sendo boa ouvinte. Pergunte sobre a vida, o trabalho, os interesses, o clima político, sobre o filme do ano, as diferenças entre lagartos e lagartixas. Qualquer coisa! Mantenha um diálogo e não caia na chatice. É tudo uma questão de energia e de conexão com algo intrigante, mas familiar. Tenha sempre um assunto sobre o qual conversar caso ele (ou você) não seja muito bom de papo. Pense em alguma coisa engraçada que tenha lhe acontecido, uma aposta que você esteja tentando fazer e de que ele possa participar ou um novo CD que você ache que todos deveriam escutar em todo o mundo. Tentar descobrir algo em comum além da atração sexual é a diferença entre ser uma garota em quem ele quer dar uns amassos e aquela que ele convida para sair. Caso seja difícil envolvê-lo, talvez não seja uma boa ideia sair com ele. Além do mais, sobre o que vocês conversariam durante uma hora de jantar se não conseguem papear agora?

O que dizer

Tudo que você precisa saber é como fechar o negócio e como recusar um convite com a sutileza de uma super ultra megacampeã. Aqui estão algumas de minhas frases preferidas para dar um empurrãozinho para o cara lhe convidar caso ele não tome a iniciativa. Para mim, este método é melhor do que convidá-lo de forma direta porque basicamente passa a mesma mensagem ao mesmo tempo em que permite que você passe a imagem de esperta, segura, encantadora e, sobretudo, uma garota que não dá mole. Você terá mais sucesso se conseguir dizer essas frases de maneira confiante, firme e sedutora ao mesmo tempo.

"Sempre recebo convites de caras divertidos, mas nunca de caras divertidos *e* lindos como você."

"Queria me convidar pra sair? Tive a impressão de que você estava pensando em me perguntar alguma coisa, tipo, se eu gosto de comida chinesa e se eu teria um tempinho para jantar na sexta-feira."

"Por mais tentadora que seja a ideia de dar uma saidinha com você, saidinha é para amadores e eu já sou profissional. Agora só aceito convites para um encontro sério, mas você sabe onde me encontrar caso resolva tornar-se profissional também."

"Caso esteja a fim de se aproximar e me convidar pra sair, vou ficar aqui com minhas amigas."

"Nossa, você é um charme, mas não vou sair com você. Melhor nem tentar me convencer."

Como recusar um convite

Volta e meia você receberá convites de caras com quem não deseja sair. Acontece. É uma droga ter de rejeitar outro ser humano. Assim, antes de mais nada, é melhor você se perguntar por que não quer sair com esse ou aquele cara porque parte de um encontro ultracampeão é não julgar os outros sem base e diminuir as possibilidades.

"Você parece ser um cara muito maneiro, mas não consigo namorar ninguém por quem eu sinta um carinho fraternal. Mas adoro meu irmão, então por favor, considere o comentário como um elogio."

"Gente, que coincidência engraçada receber um convite seu... É que eu estava justamente pensando em te apresentar a uma amiga. Se você gosta de mim, com certeza vai gostar dela."

"Só vou conseguir sair com caras legais depois que terminar minha fase de 'namorar cretinos'."

"Seria uma sacanagem deixar você perder seu tempo comigo agora. É que estou passando por uma fase péssima, ainda me recuperando do último relacionamento. Seria até sacanagem com outra garota espetacular que você poderia convidar para sair."

"Estou com uma doença incurável."

Lembre-se: enviar os sinais corretos é um componente importantíssimo para receber convites para sair. Quanto mais rápido você aprender a enviá-los, mais rapidamente virão os resultados – então, mãos à obra!

AS NOVAS LEIS DA ATRAÇÃO
GREG

Facilitem um pouquinho.
Se o cara não for sexy nem um Orlando Bloom da vida, pouquíssimas garotas olham para ele. É assim que a banda toca. Ou se vocês mulheres olham, a coisa é tão discreta que a gente tem quase certeza de que foi engano. Já falei sobre isso até com os meus amigos mais bonitões e sei muito bem que não é só comigo que isso acontece e todos eles concordam que é muito difícil sacar se vocês estão interessadas na gente. Aí fica mais difícil ainda convidar vocês para sair.

Temos as mesmas inseguranças que vocês; somos feitos de carne e cerveja! Então seria muito maneiro saber que vocês olharam pra gente com alguma intenção. Se vocês não sorriem, como vamos saber que podemos nos achegar e puxar papo ou se vocês não estão prestes a se encontrar com o namorado? Isto provavelmente não impede alguns caras de se aproximar de vocês no bar, na lanchonete, na lavanderia e encher o saco e talvez seja este o problema... alguns cretinos e insistentes queimaram o filme de todos nós. Só que não paro de ouvir vocês reclamando de que ninguém lhes convida para sair. Então, por favor, meninas, nos deem uma ajudinha! Dê um sorrisinho para o cara com quem vocês gostariam de levar um papo. Vamos seguir essa regra: **Contato visual + sorriso = este táxi está livre, pode fazer sinal.** Parem com esse negócio de dar uma olhadinha rápida que dá a entender que vocês acham que estamos de olho na sua bolsa. A maioria dos homens dá uma amarelada na hora de puxar papo com uma desconhecida, por isso precisamos de um empurrãozinho.

Sei que vocês acham que estão sempre sorrindo para os caras, mas não é verdade e não vale contar as vezes que sorriem assim que viramos de costas! Qualquer cara – casado, solteiro, gay, sei lá o quê – ganha o dia quando vocês dão esse sorrisinho lindo de que todos nós gostamos. E, pelo amor de Deus, aproveitem e digam: "Agora seria o momento perfeito para você me convidar para sair, seu amarelão!" Pensando bem, melhor ficar no sorriso mesmo.

Vamos parando de inventar desculpas!

* Sei o que você está pensando... se um cara não lhe convida para um encontro, mas ainda quer dar uma saidinha sem compromisso, talvez para ele isto seja quase como um encontro sério, certo? ERRADO! Jamais se esqueça: os caras sabem muito bem que o certo é convidar a garota para um encontro sério.

* Os caras não são bobos (bem, só alguns são) — mas simplesmente se mostram tão ambíguos quanto as mulheres os permitem que sejam, o que na verdade os torna meio que espertinhos e dissimulados.

* Se ter um "ficante" e dar umas saidinhas fosse legal, você estaria vivendo uma relação maravilhosa, mas está na cara que não é o que acontece, então aqui estamos. Veja bem, em algum momento você tem de definir o que você merece nesta vida e então sair à luta para conseguir o que deseja. Se for encontros românticos sérios que você deseja, é isso que vai conseguir, mas sem ter de negociar o que você sabe que lhe faz se sentir bem. Pelo amor de Deus, um encontro não é uma proposta de casamento — é uma coisa razoável que uma garota maravilhosa como você deseja. Só que se você não começar a vibrar de maneira a deixar claro que o primeiro passo para lhe

conquistar e penetrar em seu reino é lhe convidando para um encontro sério, então os caras vão continuar tentando pular as muralhas. *(Nossa, estamos caprichando nas metáforas!)*

* Para maiores informações sobre os primeiros encontros, leia o próximo capítulo... depois de fazer os exercícios a seguir.

A Supercartilha dos Encontros
Aproveitando cada segundo

Entendemos perfeitamente que a ideia de induzir um cara a convidá-la para sair não combina com todas as mulheres e chega a ser uma sacanagem. Então, passe a ver a coisa por outro ângulo. Considere que você esteja simplesmente tomando o controle de sua vida e dando uma chance àqueles que obviamente não sabem o que estão perdendo. Mesmo que você fique sem graça ao ter que agir de forma tão ousada ou envergonhada por mostrar suas cartas sem ver as deles, é o que é possível ser feito para se colocar numa posição favorável e receber mais convites para sair.

Tudo bem, o conforto só rolará quando as palavras usadas combinarem com as que você se sente verdadeiramente à vontade em dizer. Então, eis a tarefa de hoje...

Faça uma lista de frases que você consegue dizer com bastante segurança e sedução para dar ao cara uma abertura para lhe fazer um convite. Vamos dar uma forcinha com alguns exemplos de maneiras divertidas e surpreendentes de alertar um cara para a maravilhosa oportunidade que é você. Depois, fica por sua conta elaborar algumas pérolas para mandar na hora H.

1. "Além de me convidar para sair, o que mais você tem programado para este fim de semana?"

2. "Você deveria me fazer um convite para pelo menos poder contar para a galera que você saiu comigo uma vez."

3. "Todas as minhas amigas garantiram que você não me convidaria para sair, mas eu disse que você não era bobo."

4. ....

5. ....

6. ....

Deu para captar a ideia, né? Este é um bom exercício independentemente de você usar essas frases porque ele a faz entrar em contato com seu lado criativo, sedutor e confiante. E qual o problema nisso? Imagina, nenhum!

Ai, obrigada, pessoal.

De nada.

13

SEÇÃO BÔNUS
encontros on-line de primeiríssima
qualidade!

Arrastando o mouse

A maioria dos solteiros que conhecemos pelo menos já deram uma passada sem compromisso num site de relacionamentos. Sem contar aqueles que passam horas depois do trabalho clicando, teclando e analisando perfis. Já nos perguntaram mais de uma vez quais as regras do namoro virtual. Nossa resposta é: não são diferentes das que se aplicam a qualquer outro tipo de namoro. Na internet é preciso ter os mesmos padrões usados na vida real. Então, se na vida real você não for o tipo de garota que levantaria a blusa para mostrar os peitos a todos no bar, então com certeza o mesmo deve se aplicar on-line. Entretanto, se esta for a sua praia, clique, clique, dê *uploads* e mande ver, Estrela do Wonder-bra! Não é à toa que você tem tantos "amigos".

COMO CRIAR UM EXCELENTE PERFIL

Não é moleza, não, amiga! Temos que responder a trezentas perguntas e escrever dezesseis redações que todos os sites de relacionamento exigem para que possam bancar o cupido e encontrar alguém que combine conosco. Como se já não bastasse, ainda temos de postar várias fotos pessoais para que os outros consigam ter uma ideia de como comparecemos a um jantar de aniversário com os amigos, o que vestimos para passear com o cachorro, como passamos as férias e como reagimos ao nos esbarrar com o Pete Sampras em um aeroporto. As pessoas olham suas fotos da mesma forma com que você olha as delas e zoam as suas roupas, analisam seu corpo ou até mesmo aquela outra coisa que os outros checam quando estão sozinhos vendo fotos sensuais. É, é disso mesmo que estamos falando e nem venha tentar me convencer de que você ficou chocada. Se o seu perfil for específico e criativo (criatividade aqui tem a ver com inteligência e não com mentira), você terá maiores chances de atrair o tipo de pessoa com quem poderia namorar sério. Aí vão nossas sugestões para criar um perfil campeão.

As fotos

A primeira coisa que todo o mundo olha são suas fotos, então vamos começar por elas. Todas nós temos aquela foto em que saímos mais fotogênicas do que nunca. São as fotos que chamamos "Momento Cameron Diaz". Então, essa deve ser sua primeira foto, a que atraia os caras para o seu perfil. Esse "momento" deve ser atual (não mais que três anos atrás), e deve refletir sua aparência física de agora.

A foto seguinte deve ser uma foto de personalidade. Tipo, tocando violão, tomando sol na praia, dançando ou fazendo alguma coisa que mostre o tipo de vida que você leva.

A terceira foto deve ser a sua preferida, aquela que você sempre fica muito feliz quando olha, a que lhe faz pensar em todas as suas qualidades. Por exemplo, você com sua família ou desmaiada no chão do banheiro da lanchonete. (Pergunta do dia: Qual é a pior opção?)

A quarta foto deve mostrar um quarto do seu corpo ou o corpo completo, pois mesmo que você queira se esconder atrás do computador, o objetivo é encontrar o cara na real uma hora ou outra, então ele vai ver tudo mesmo. É melhor mostrar quem você é de verdade do que ir se encontrar com um cara e viver o pesadelo de decepcionar o idiota com sua aparência. (Como se ele pudesse julgar!)

Importante: A maioria das pessoas não gosta de suas próprias fotos, mas todos nós reconhecemos quando saímos bem em alguma. Se esse nunca for o seu caso e sempre que olha para as próprias fotos você diz: "Não gosto do meu cabelo", "Gente, como estou branquela", "Preciso emagrecer", aproveite esta oportunidade para descobrir o que você vem projetando para o mundo e pense: "Em que posso melhorar?" e faça alguma coisa para mudar. E tome cuidado com o cenário da próxima foto que você tirar. Como você reagiria ao ver uma foto sua usando um vestido balão em frente a um prato de feijão, junto a sua coleção de Smurfs ou a uma trouxa de roupa suja? Maus presságios!

As múltiplas escolhas

O processo de elaboração de perfis on-line envolve, em grande parte das vezes, um infindável clicar em várias opções para escolher uma das respostas oferecidas. Não há muito que se possa fazer para ajudá-la nesta etapa além de sugerir que você não seja tão rigorosa com suas exigências com relação à estatura. O amor desconhece essa história de altura, então vamos parando com essa palhaçada. Caso você não se sinta confortável com alguma pergunta, não a responda, ou se a resposta for obrigatória, então escolha a opção mais engraçada. É só um encontro, então dane-se quem não entender uma boa piada. A maioria das categorias oferecidas são muito fáceis de navegar, mas tem sempre uma chatinha – os "abre e fecha janela" da vida ou qualquer que seja a variação que seu site ofereça. É aí que você pode atrair os tarados de plantão. Tem sempre uma opção imbecil, do tipo "Literatura erótica" ou "Nadar pelado" que, caso você a escolha, começará a receber um turbilhão de coraçõezinhos, sorrisinhos e e-mails de gente que só está procurando mesmo um sexo virtual básico. "Mas e se eu curtir uma literatura erótica e nadar pelada?" Ótimo, e você pode passar essa informação a um pretendente MAIS TARDE, depois que ele tiver gostado de você por todas as suas outras qualidades. Literatura erótica, nadar pelada, fotos suas de maiô ou alguma coisa vagamente nua ou sexual vai sempre lhe colocar numa cilada na internet. É que independente do que você ache que seja o objetivo de sua presença ali, depois que os caras virem postagens desta natureza, tenderão a sentir mais curiosidade sexual do que vontade de namorar sério. A partir daí, no lugar dos caras entrarem em contato para perguntar quais os seus filmes preferidos ou sobre seu trabalho, vão querer saber onde você nada sem roupas ou o que você geralmente veste quando lê romances eróticos, assiste a filmes eróticos ou está toda erótica.

O título

A maioria dos sites de relacionamento oferecem a opção de criar um título próximo à sua foto para que você atraia potenciais interessados. Geralmente é possível usarem-se de 100 a 150 caracteres para criar-se um título. Não use todo o espaço. Nem seja genérica. Incorpore um gosto específico ou algo que possa atrair alguém que tenha algo em comum com você.

Exemplo:

Título ruim: "Garota da região centro-oeste que adora atividades ao ar livre procura alguém para compartilhar caminhadas na praia."

> **Por que é ruim:** "Garota"? Nossa, se você não mencionasse, não daria para saber só de olhar a foto. "Praia"? Minha querida, quem não gosta de praia? Desde as pessoas muito legais até os psicopatas se amarram numa praia. "Atividades ao ar livre" é muito genérico e só há mesmo algumas opções; evite expressões do tipo "ao ar livre", "dentro de casa", "no espaço sideral" ou "embaixo d'água" para que o título não limite suas chances.

Título bom: "Preocupada com o meio ambiente, adora um bom programa humorístico, ovos de páscoa e beijinhos de esquimó."

> **Por que é bom:** "Preocupada com o meio ambiente" diz aos visitantes do perfil que você recicla, curte comida e produtos orgânicos e talvez

até dirija um veículo híbrido, além de ter consciência social, se não for ativista. A frase também ajuda a afastar os caras que andam de pickup. "Adora um bom programa humorístico" revela que talvez você seja politizada e aprecie uma sátira, curta comédia e se mantenha antenada com os acontecimentos embora talvez não leia jornal. "Ovos de páscoa" mostram ao cara que você se amarra em doces e gosta de aguardar ansiosamente por coisas que rolam apenas uma vez ao ano. "Beijo de esquimó" é a parte sedutora do título que tem um tom engraçado e não é muito sexual. Ela diz: "Vou me aproximar o suficiente para abraçar e fazer carinho, mas não estou procurando sacanagem."

As descrições

Esta é a parte divertida. É onde você mostra sua personalidade, inteligência e afinidades. As questões de completar são geralmente do tipo "Faça uma descrição sua e do seu parceiro ideal", "Como você se diverte?" "Quais as suas coisas preferidas?", "Uma celebridade com quem você mais se parece". Jamais responda à última questão (ou nenhuma outra com o mesmo nível de imbecilidade), pois trata-se de uma pergunta boba, além do que sua foto já está no perfil, logo os caras já sabem como você é fisicamente.

Com relação às perguntas às quais você *precisa* responder, vamos dizer o que achamos. Ironia e sarcasmo, por mais charmosos que sejam (é a nossa opinião), raramente são percebidos assim; você pode acabar parecendo arrogante ou doida se exagerar na dose desses elementos em suas descrições. Não tenha medo de dizer às pessoas quem você é de verdade pois se tiver sorte de conhecer alguém interessante, o cara vai acabar descobrindo a longo prazo. Não cometa a besteira de dizer coisas do tipo "Você achou que eu estivesse falando sério quando disse que gostava de ouvir Clay Aiken de calcinha tomando caipirinha e preparando minha declaração de imposto de renda? Vamos ter de cancelar o casamento". Ironicamente, você perde a oportunidade de mostrar seu verdadeiro eu ao criar uma mentirinha boba desse tipo. A não ser que você de fato curta uma birita e declare seu imposto de renda ao som de

Clay Aiken. Neste caso, vá em frente, American Idol! Isso não significa que você não possa ser engraçada, mas não deixe de dar uma ideia realista de quem você é e o que deseja.

Outro vacilo muito comum é adotar uma atitude esnobe do tipo "Não sou muito fã desse negócio de site de relacionamento". Para início de conversa, você é fã sim. Todos nós somos. Todos desejamos conhecer pessoas que nos aceitem e não há do que se envergonhar. Encontrar alguém on-line é tão viável quanto no Skybark (um clube em Los Angeles que é um parque para cães no terraço de um hotel de luxo onde as pessoas se encontram com seus animais de estimação). Orgulhe-se do que está fazendo e dos motivos pelo qual está fazendo isso. Não haja como se tivesse chegado ao fundo do poço e esta fosse sua última chance. Deixe de tanta amargura. Sim, é difícil arranjar encontros bacanas. Sim, é uma droga essa história de ser obrigada a sair para a balada. E, sim, o que não falta é otário por aí. Mas você não precisa lembrar isso aos visitantes de seu perfil, sabe por quê? Porque eles estão lá também e não querem ser chamados de otários. Todos estão lá por se tratar de uma forma nova e bacana de encontrar pessoas para namorar. É isso, não necessariamente para se casar ou se juntar, mas só para descolar a p*@#a de um encontro!

Assim como em seu título, será bom que você escreva sobre coisas específicas e evite as generalizações que sejam também específicas para você.

Exemplo: "Fale sobre você."

Resposta Ruim: "O que posso dizer? Sou uma pessoa tranquila e serena. Meus amigos e parentes são muito importantes para mim e eu faria qualquer coisa por eles. Sou muito leal. Adoro não fazer nada, rir e não me levo muito a sério..."

Por que é ruim: Essas informações são muito genéricas pois quase todo mundo neste planeta gosta de rir, se acha calmo e tranquilo e é chegado aos amigos e parentes.

Resposta boa: "Sou uma pessoa do sol. Nasci e cresci na Califórnia, e quando faz menos de 32°C para mim já é inverno. Para me entender bem só conhecendo bem a Califórnia. Tenho algumas convicções muito firmes. Adoro assistir ao programa *Late Night with David Letterman* tomando café, acho o carro híbrido um paradoxo, mas mesmo assim tenho um e adoro, acho que não há nada melhor do que o som do mar, um chuveiro com bastante pressão (para de pensar besteira! Estou me referindo à importância de um bom chuveiro) e, para mim, uma boa xícara de café é essencial para se começar o dia. Prefiro o Coffee Bean ao Starbucks. Sou alérgica ou simplesmente não gosto de gatos – não me lembro de qual das opções é a verdadeira. Sou mais do dia do que da noite, prefiro a luz à escuridão, dias ensolarados a dias nublados, MAS poucas coisas neste mundo são mais incríveis do que uma tempestade – cheia de trovões e relâmpagos – que faz faltar luz e estremece a casa. A mãe natureza é danada!

Adoro um bom programa de TV que mexa com minhas emoções, fazendo-me rir ou chorar. Atualmente curto muito *Grey's Anatomy*, *Friday Night Lights*, *The Office*, *Lost* e *Project Runway* (adoro ver pessoas talentosas correndo atrás de seus sonhos). Não vivo sem música: adoro bandas como U2, REM, The Replacements, The Clash e The Pretenders, que me remetem à adolescência e as mais atuais como Snow Patrol, Band Of Horses, Bussy, Dashboard Confessional e curto a trilha sonora de *Apenas uma vez*. Gosto muito de trilhas sonoras e acho Carter Burwell, Danny Elfman e Ennio Morricone o máximo! Caso não conheça esses músicos, é bom dar uma conferida..."

> **Por que é boa:** Além de informações específicas sobre coisas importantes para essa garota, essa descrição oferece ainda uma ideia de sua personalidade. Em comparação com a primeira descrição, essa torna mais fácil que o visitante se interesse mais e veja se há possíveis compatibilidades.

Essas são nossas ideias de como atrair o cara certo pela internet e esperamos que sejam úteis para você. Só que, pelo amor de Deus, tente se encontrar logo pessoalmente caso ache que a coisa promete. Mesmo que você esteja vivendo a relação virtual mais adorável, se vocês se encontrarem finalmente e não rolar uma química nem atração física, não vai dar certo por melhores que sejam os e-mails trocados entre vocês. Então se já estiverem trocando e-mail por um tempo, avance para o contato telefônico e dê logo um salto rumo a um encontro de verdade. É especialmente importante se encontrar pessoalmente antes que as coisas comecem a ir longe demais, na direção de insinuações sexuais. Por quê? Porque muitas vezes depois que cruzamos a barreira sexual (ainda que seja apenas virtual) algumas coisas podem dar errado. Tem gente que só está à procura de um sexo virtual e parte para outra assim que conseguiu o que queria. Tem gente que depois de se abrir demais on-line não tem coragem de se encontrar pessoalmente. E, é claro, tem gente que acha que agora que vocês estão numa de sexo cibernético vão poder partir logo para os finalmentes na primeira vez que se encontrarem na real. O mais esquisito dessas relações virtuais é que as coisas acontecem rápido e não demora muito para as pessoas ficarem íntimas, mas quando se encontram pessoalmente, ficam sem saber se aquele é o primeiro encontro ou se já são um casal, se vai rolar o primeiro beijo ou se já estão dormindo juntos. O negócio é confuso, então é melhor deixar as coisas claras e não erotizar nada antes de vocês se encontrarem cara a cara para uma boa conversa.

14

ESSÊNCIA NÚMERO 3
é só a p*@#a do
primeiro
encontro!

Como arranjar um ótimo primeiro encontro e ser uma ótima companhia

Um bom encontro é melhor do que uma boa transa. Dura mais tempo e não rola com qualquer um. Não é maravilhoso isso? Pode dizer: Motiva qualquer um a querer marcar encontros, não é não?

Quando usado corretamente, o primeiro encontro pode ser uma forma excelente de se conhecer alguém, jantar, curtir um pouco de arte, visitar um novo lado da cidade e viver a vida como ela deve ser vivida, dizendo "Ah, que se dane!" e se divertir. Está vendo que grande oportunidade? Você pode vestir uma roupa que lhe deixe se sentindo maravilhosa, investir um tempinho com alguém por quem você tem certo grau de interesse e compartilhar uma experiência. É MARAVILHOSO... exceto quando não é. A verdade nua e crua é que nem sempre vai rolar uma conexão entre você e a pessoa sentada na sua frente, mesmo que os dois tenham *tudo* em comum nesta vida. É por isso que você não pode deixar de experimentar os encontros. Existem milhões de pessoas por aí e é preciso fazer uma triagem de alguma espécie para conseguir encontrar sua cara-metade... Então, por que não fazer isso cara a cara enquanto vocês curtem uma comidinha mexicana?

Não existe uma forma certa de comparecer a um primeiro encontro, mas se você for com um espírito do tipo "Ah, é só um encontro", você pode até não ganhar, mas será cem por cento menos provável que saia perdendo. Como se faz isso? Relaxe e se esqueça de tudo. Esqueça as outras experiências com encontros, suas esperanças futuras, suas expectativas, e simplesmente viva o momento.

Então vamos examinar o primeiro encontro e o que significa agora para você, uma garota ultra megacampeã. Neste ponto você não deve exagerar no investimento com o cara, pois, afinal, é provável que vocês tenham acabado de se conhecer ou se conheçam muito pouco e consequentemente suas expectativas devem ser baixíssimas ou inexistentes. Comparecer a um encontro sem expectativas reduz as decepções caso não seja bacana e, mais importante, aumenta a possibilidade de rolar uma surpresa agradável. Seja esperta e siga esse conselho.

Bem, então lá está você, sem expectativas, preparando-se para o primeiro encontro. A filosofia "É só um encontro" sugere que você jogue para ganhar, ou seja, embora se trate apenas do primeiro encontro, você deve ficar ligada e tentar acertar. Quando você respeita a si mesma e a ocasião, a coisa se reflete em sua aparência, você irradia segurança. Imagine a diferença que você sentirá ao comparecer ao primeiro encontro com a leveza da falta de expectativas, a certeza da intenção dele e uma nova forma de encarar a situação.

O que mais funciona em um primeiro encontro? Seja simpática, mas sem dar mole. Dar mole não pode, em hipótese alguma, fazer parte de nossa atitude geral, pois devemos ser sempre um desafio. Para a menina simpática, tanto faz se o jantar será em um restaurante italiano ou chinês. Para a menina que dá mole, não tem problema ficar em casa e levar a diversão para cama.

Em caso de dúvida, aqui vão algumas dicas do que pode e do que não pode rolar para que você comece com o pé direito.

O que pode:

SEJA PONTUAL! Atrasar-se é uma ótima forma de dizer aos outros que o tempo deles não é tão precioso quanto o seu. Isso não quer dizer que você precise esperar por ele sentada na portaria, mas também não significa que ele tenha de esperar quarenta minutos acompanhado por Marla, que divide o apê com você.

PAQUERE! Se você gosta de um cara, então paquere um pouquinho e mostre que está se divertindo. Existem várias maneiras de paquerar. Tudo, desde sacanear o time de basquete dele sem maldade até abrir a porta do restaurante para ele. Serve qualquer versão de ações e palavras que passe a mensagem: "Sou uma pessoa brincalhona, com senso de humor, e estou curtindo sua companhia."

COMA DE VERDADE! Viva e aproveite o momento. Ele escolheu um determinado restaurante porque gosta da comida. Veja se ele tem bom gosto. Se a coisa não der em nada, pelo menos você conheceu um outro ótimo lugar para jantar com seu próximo pretê. Podemos parar por aqui, né? Você sabe que está com fome.

ELOGIE-O PELA ESCOLHA DO RESTAURANTE, PELA CAMISA QUE ELE ESTÁ VESTINDO OU PELO BOM-SENSO DE TER LHE CONVIDADO PARA SAIR. Reconheça o esforço do cara. Planejar um encontro é o maior estresse. Além disso, tem um monte de caras que não gostam de encontros românticos, mas este merece ser aplaudido no mínimo por ter sacado que valia a pena lhe convidar.

DIGA QUE FOI DIVERTIDO (SOBRETUDO SE QUISER QUE ELE LHE CONVIDE DE NOVO!) "Foi muito legal" está de bom tamanho. "Os sanduíches estavam ótimos" não é uma boa de se dizer. "Foi ótimo! Podíamos repetir a dose" é maravilhoso.

O que não pode:

EXAGERAR NA BEBIDA. Se tivermos que explicar essa, melhor você procurar outro livro.

FALAR MUITO SOBRE SEUS EX. Sem dúvida, é uma delícia meter o pau nos antigos namorados, mas essa noite não! É legal que seu pretendente descubra o que fez com que os outros caras quisessem te namorar (porque você é maravilhosa!) e não por que você passou uma noite na cadeia (você pôs fogo nas roupas do seu ex quando o pegou no maior amasso com Marla, que divide o apê com você. Está vendo por que nunca se deve deixar um cara esperando?).

FAZER PERGUNTAS SEM NOÇÃO. Quanto você ganha? Você já transou com um homem? Com quantas mulheres você já transou? Engula a curiosidade, srta. Fuxiqueira. Não é problema seu e continuará não sendo por um bom tempo.

SAIR DO RESTAURANTE E IR PARA O APARTAMENTO DELE. Com certeza o filme *Ligeiramente grávidos* é ótimo em HD, mas diga que você gostaria de assistir a um filme no cinema antes de ir ver a TV *widescreen* dele.

TRANSAR. Precisamos explicar? Na maioria dos casos, quando o cara gosta de uma garota, ele só espera um beijo. Claro que ele aceitará mais caso você ofereça, mas um beijinho já está de bom tamanho.

POSSÍVEIS COMPLICAÇÕES DE PRIMEIRO ENCONTRO

AMIIRA

Eis as cinco perguntas mais importantes que nossas babás me fazem:

O QUE DEVO PEDIR PARA COMER? TEM ALGUM PROBLEMA PEDIR UMA ENTRADA E UM PRATO PRINCIPAL OU É COISA DEMAIS? Se ele escolheu o restaurante, então ele está por dentro dos preços e do cardápio e provavelmente veio preparado. Não caia de boca feito uma porquinha, mas peça o que vai comer e não se afobe. Você pode perguntar o que ele está pensando em pedir para ver se vai rolar uma entrada e então fazer seu pedido. Ou perguntar se ele está a fim de dividir uma sobremesa com você depois se você abrir mão de uma salada no início.

QUEM PAGA? Ele. Quem convida sempre paga. É uma boa ideia fingir que vai pegar sua carteira na bolsa? Não no primeiro encontro. A única exceção é se ele mostrar alguma preocupação ao analisar a conta, daí você pode se oferecer para rachar, mas só mesmo se você achar que a conta o preocupou de fato. Não vá constrangê-lo, hein?

DEVO ENCONTRÁ-LO NO RESTAURANTE? Só se não quiser que ele saiba onde você mora ou não estiver segura quanto à sua habilidade em deixá-lo do lado de fora ou dentro do quarto no final da noite. Conheça seus limites e haja com cautela.

COMO ME RECUPERO DE UM MOMENTO CONSTRANGEDOR NO PRIMEIRO ENCONTRO? Basta manter o senso de humor e a segurança. Derramou vinho no vestido? Diga-lhe que você pode colocar as roupas dele e ele as suas ou que podem dar uma passadinha em seu apartamento para que você se troque antes do próximo programa. Chegou ao banheiro e percebeu que passou o tempo todo com um caroço de feijão no dente? Volte para a mesa e, de brincadeira, jogue o guardanapo no cara e diga que se vingará dele por não ter lhe avisado. Todo mundo passa por constrangimentos, mas a forma com que a pessoa lida com eles determina a gravidade dos micos e a impressão que o pretendente terá. Se você não ligar e achar graça em vez de ficar arrasada com a situação, será mais um ponto que ele vai gostar em você.

QUAL O GRAU DE CONTATO FÍSICO QUE DEVO TER NO PRIMEIRO ENCONTRO PARA QUE ELE ME CONVIDE OUTRA VEZ? Qualquer coisa além de um abraço e um beijinho no rosto é lucro. Se passar de uns amassos, a coisa pode feder. Ir com sede demais ao pote estraga tudo. Determine o que você deseja fazer e faça menos ainda. Os caras esperam um beijo de despedida. Mesmo. Numa saidinha, eles esperam transar, mas em um encontro decente, eles esperam que você os deixe com gosto de quero mais. A expectativa é ótima, então não estrague a oportunidade de deixá-lo pensando em você.

INFORMAÇÃO DEMAIS

Existem dois tipos de conversa: uma em que vocês se conhecem e outra em que pede-se a Deus que a outra pessoa cale a boca. É importante saber a diferença.

O que Greg já viveu na pele:

Tinha uma garota chamada Julie que conheci quando eu fazia apresentações de comédia. Julie tinha um cabelo escuro, curtinho, superbonito, e uma risada encantadora. Eu a convidei para sair e a levei a um restaurante mexicano clássico, muito bacana mesmo. Percebi logo de cara que ela estava um pouco nervosa, pois não parava de falar, o que a princípio achei bonitinho. Só que então ela passou dos limites, dando detalhes sobre o parto da irmã e sobre toda a história de parir, incluindo descrições para lá de ilustrativas da vagina inchada de sua irmã e contou que a coitada fizera cocô na maca, o que pelo visto é comum durante os partos. Poxa, se já é perigoso conversar sobre nascimentos de bebês num primeiro encontro, falar de cocô então, ninguém merece, sobretudo antes da entrada. Entretanto, pior do que o teor da história foi o completo desrespeito pelo interlocutor. Das duas uma: ou ela não percebeu ou não ligou para minha reação; e quanto mais falava da família, mais furiosa ela ficava e, no final da noite, eu não queria nenhuma aproximação com ela ou com sua família. Mesmo que ela tivesse somente dado os detalhes do parto, deveria ter dito algo do tipo "Você se importa que eu fale sobre esse negócio antes de comer?" OU "Tenho uma história ótima para lhe contar daqui a dez encontros e, oh, a propósito, eu odeio minha família". Moral da história: pense bem no tipo de imagens que você está colocando na cabeça de seu acompanhante e decida que efeito elas poderão ter sobre o jantar que ele pediu.

AUSENTE-SE CEDO

Ausente-se cedo é o termo que usamos para deixá-lo querendo ainda mais, em vez de saciado ou enjoado de você. Já fomos a vários shows e raramente eles acabaram muito cedo, mas Deus me livre e guarde, alguns deles se prolongaram por tempo demais. Alguns chegaram a nos forçar a voltar pra casa cedo e reconsiderar nossa relação com a banda.

A filosofia de se ausentar cedo significa que quando as coisas estão dando supercerto, você tem de picar a mula. A melhor maneira de garantir um segundo encontro é encerrar o primeiro com chave de ouro. Então, se o jantar foi um sucesso, o show melhor ainda e você estiver voltando para casa e ele perguntar se você quer parar para tomar um cafezinho, a resposta é NÃO. Mesmo que lá no fundo a resposta seja sim, um NÃO diz: "Tenho algumas coisas para fazer amanhã cedo porque minha vida não para assim pra qualquer filho de Deus." Um NÃO diz: "Embora você queira passar mais um tempo comigo, vai ter de esperar." Um NÃO diz que ele vai pensar em você porque quer mais.

> **ALERTA!**
> **Livre-se das ideias que você tinha com relação aos primeiros encontros:**
>
> *A maioria das pessoas odeia primeiros encontros por dois motivos. O primeiro é que elas tiveram experiências desagradáveis e tudo quanto é recordação ou sensação ruim vem à tona sempre que pinta mais uma oportunidade de um primeiro encontro. O segundo é que elas colocam muita pressão sobre a situação em vez de simplesmente vivê-la com a atitude do tipo* **É só um encontro!** *e ver no que dá. O nervosismo do primeiro encontro lhe faz esquecer*

> *por um momento que a pessoa com quem você vai sair não é nenhum dos seus ex nem são as mesmas com quem você teve péssimos primeiros encontros; só que ainda assim você acaba despejando nos novos caras todas as amarguras do passado mesmo antes de eles tocarem a campainha. Certamente eles estão fazendo a mesma coisa, achando que você é igualzinha à doida da ex-namorada ou tem pelo menos uma, senão todas as características ruins que pertenciam a ela ou à última criatura com quem eles tiveram um primeiro encontro de fazer qualquer um chorar. Você tem que esquecer o passado, tirar da cabeça todos os pesadelos e decepções causados por primeiros encontros anteriores e tentar reconhecer que este é um novo cara que merece uma chance. Se você der sorte, ele será esperto o bastante para lhe tratar da mesma forma.*

Na verdade, o problema com os primeiros encontros geralmente não é o encontro em si, mas todas as besteiras que atribuímos a eles. Além das decepções que já vivemos, ainda temos o nervosismo, o medo de que seja uma droga, a expectativa de se casar com o cara, a pressão desse medo e dessa expectativa sobre os dois, suas inseguranças, fantasias e todas as possibilidades imponderáveis que já são o suficiente para impedir o florescimento de qualquer interesse. É muito louco o que as pessoas fazem consigo mesmas quando se trata de ir a um encontro romântico. E como se já não bastasse, ainda tem o lance do sexo, em que o cara fica avaliando o nível da atração sexual que ele sente. (Quando vamos transar? Vai ser legal? Será que vou conseguir me manter atraído por esta mulher pelo resto da vida?) Enquanto isso, a garota fica tentando avaliar a possibilidade de uma relação duradoura. (Eu me casaria com este cara? Ele quer ter filhos? É um cara equilibrado?) Não que no primeiro encontro toda mulher esteja procurando se casar e todo cara, trepar. É que cada sexo tende a dar este tipo de direcionamento.

Mas a questão é: quando a pessoa passa o tempo todo avaliando o que pode estar por vir, ela não está se encontrando com ninguém. Ela está, isso sim, no laboratório tentando prever o futuro em vez de ir para o campo numa missão de descobrir os fatos, o que é essencialmente o objetivo do primeiro encontro. Em suma, você fica tão encanada que acaba NÃO TENDO UM ENCONTRO, QUANDO, NA VERDADE, ESTÁ SE ENCONTRANDO COM ALGUÉM! Não há como ficar pensando nas possibilidades e situações hipotéticas sem prestar atenção nas reações do outro, na compatibilidade do casal, na química, nos valores, nas crenças, no código de conduta, no estilo de música preferido, nos filmes e programas de TV, posições políticas, religião, pratos preferidos, times de futebol, passatempos, planos para o futuro e daí por diante.

Um primeiro encontro será tão ruim quanto você achava, ou surpreendentemente legal ou, mais provavelmente, algo entre essas duas coisas. E que se dane isso tudo! Agora que você cancelou o título do Clube das Ficantes, todo encontro é bacana de certa forma. Todo encontro é uma oportunidade de se ganhar experiência para que, quando encontrar a pessoa certa, você não estrague tudo sendo uma péssima companhia. É ótimo fazer este exercício nem que seja só para você saber que fica maravilhosa naquele vestido, que aquele restaurante é uma droga, que a culinária indiana não é a sua praia e que aquela história do seu tio lhe chamar para brincar de esconde-esconde embora você já tenha passado dos vinte anos não é para ser contada no primeiro encontro. Tudo não passa de um treino para que você arrase no momento certo.

Então, esqueça o passado. Vire a página e aproveite cada segundo do encontro.

AS NOVAS LEIS DA ATRAÇÃO
GREG

A moda agora é não ter expectativas e, por favor, isso não tem nada a ver com não estar nem aí. Ter um encontro deve ser importante, mas é melhor você não estar nem aí para onde a coisa vai dar. E isso ficará muito claro e nos deixará superanimados. Vou lhe contar um segredinho. A maioria dos caras que lhe convidarão para sair estarão nervosos e, em algum ponto do dia, pensarão até em desmarcar. Eu, pelo menos, me senti assim em todos os encontros que combinei. Esse negócio de se expor assim para uma pessoa que não conhecemos bem pode dar um frio enorme na barriga. Então, saber que seu pretendente se sente assim, além de lhe trazer um certo alívio, pode lhe fornecer uma vantagem. Você pode dar o tom dizendo que naquela noite você vai estar nas mãos dele e não importa o que ele tenha planejado, será tudo ótimo. Pode não ser o caso, mas as chances de você se divertir serão maiores quando deixar o cara à vontade. Não tenha grandes expectativas e se ele disser que está nervoso, lembre-lhe que *É só a p*@#a de um encontro!*. Na verdade, o encontro pode ser maravilhoso se os dois tiverem essa mentalidade.

Vamos parando de inventar desculpas!

* Desculpe, lindinha, mas não tem como inventar desculpas aqui. Você vai sair com o cara pela primeira vez e ponto final! Alguém quer desfrutar do prazer de sua companhia e, se Deus quiser, é isso que vai acontecer. Você não vai tirar o corpo fora na última hora, não usará seus velhos padrões, nem ficará encanada pensando nos riscos de decepção. Na verdade, o que você vai fazer é: ficar toda linda e poderosa, comparecer ao encontro e agir de maneira deslumbrante e exótica pois é o que você deveria fazer em todas as áreas da sua vida. E quer saber do que mais? Você vai se divertir horrores de qualquer maneira porque, como todo mundo já sabe, aonde quer que você vá será o máximo porque você estará lá! A estrada para "o máximo" começa no primeiro encontro. Entendeu?

A Supercartilha dos Encontros
Aproveitando cada segundo

Quando pinta um primeiro encontro, você precisa estar preparada. Não importa quem tenha feito o convite – você ou ele – é melhor ter tudo já certinho e organizado de antemão para que o encontro arrebente!

CADA SITUAÇÃO, UM CASO

Para cada ocasião, pense numa roupa com que você se sinta linda e confiante. Faça uma lista de todas as peças, da cabeça aos pés.

1. Caminhada ao ar livre
2. Café da manhã/lanchinho em um café descolado
3. Jantar em um restaurante informal e, em seguida, um cineminha
4. Jantar em um restaurante mais sofisticado
5. Ida à praia
6. Evento profissional sofisticado
7. Evento não profissional sofisticado
8. Encontro na casa de um amigo dele para jogar alguma coisa

Faça uma lista dos restaurantes e locais nos quais você gostaria que rolasse o primeiro encontro que combine com o orçamento abaixo.

1. Menos de R$10
2. Menos de R$50
3. Menos de R$100
4. De graça

15

ESSÊNCIA NÚMERO 4
avaliação do primeiro encontro

A comunicação e o próximo passo certo

O primeiro encontro é o começo ou o fim, mas o que acontece em seguida? A menos que você encha a cara, geralmente dá para sacar, antes de terminar o encontro, como as coisas saíram, certo? Errado. Só dá mesmo para saber como as coisas foram *para você*. A maneira com que o cara reagiu e viveu a experiência pode ter sido completamente diferente da sua. Isso é muito comum. É aí que nasce grande parte das frustrações dos encontros. Duas pessoas, que viveram a mesma experiência, contando relatos completamente diferentes; uma acha que foi ótimo, que rolou a maior química e está louca para repetir a dose, enquanto a outra achou mais ou menos e não sabe muito bem se quer voltar a sair com o outro. Mesmo que vocês tenham se beijado nunca se sabe ao certo como foi, só que o problema é que você quer saber a todo custo! É sobre isso que falaremos neste capítulo. Qual deve ser o próximo passo quando não há informações suficientes?

Você vai odiar, mas o próximo passo é ficar paradinha. Não completamente "paradinha", pois seria esquisito – sobretudo se você dividir o apê com alguém. A pessoa vai ficar sem entender nada ao lhe ver parada feito uma estátua na cozinha. Embora você tenha seguido as dicas do capítulo anterior, inclusive aquela de deixar claro para o cara que você achou tudo muito divertido, você vai sentir uma vontade dos diabos de ligar para ele e reiterar que foi tudo muito legal ou algo do gênero. Até que é uma ideia bacana, mas sejamos realistas... Você não vai fazer isso para mostrar para ele sua educação e finesse, mas sim para sondar se ele curtiu o encontro da mesma forma. Odeio ter que lhe dizer isso, amiga, mas essa é a maneira clássica de pressioná-lo a se posicionar. Então, coloque esse telefone no gancho, feche o programa de mensagens instantâneas, tire a mão do Blackberry, do iPhone ou seja lá que diabo for, passe um tempo curtindo as lembranças do encontro e permita que ele faça o mesmo. Existe algo assim meio mágico nas primeiras 24 horas que seguem um ótimo encontro durante as quais dá para lembrar e reviver os momentos, então, aproveite e curta. Bom mesmo é que você canalize sua energia em outra direção: convide os amigos para tomar um café da manhã, dê uma corridinha para não se esquecer de que apesar das palpitações e do friozinho na barriga, você ainda precisa cuidar desse corpitcho. Não fique grudada ao telefone esperando uma ligação – na verdade, se der para deixar o celular em casa ao sair, melhor. Com certeza, se o cara tiver curtido o encontro como você, ele estará pensando no próximo passo a tomar. Vamos deixá-lo queimar os neurônios um pouquinho!

Raríssimos são os casos em que os caras esperam que você tome qualquer iniciativa e sempre que você faz isso, os resultados são desastrosos. Uma das coisas que percebemos em nossa cultura é uma incapacidade de as pessoas se seduzirem de verdade. Em nossa sociedade *fast-food*, queremos mais é comer logo e ir para casa, e se alguém perguntar depois, mal nos lembraremos de que gosto teve a comida. É porque sabemos que vamos comer a mesma coisa de novo. Mas se fizéssemos cada refeição como se fosse a última da vida, passaríamos mais tempo saboreando tudo. É tudo que pedimos que você faça: reduza a velocidade do processo, desfrute-o enquanto está acontecendo e deixe que as coisas rolem naturalmente.

Se o primeiro encontro tiver sido um saco, se vocês não tiverem combinado, não tiver rolado nenhuma química e tiver faltado assunto, então é claro que vocês pararão por aí e nada mais de segunda dose. Entretanto, se tiver rolado uma emoção, uma atração ou uma química, então agora você se encontra no purgatório da espera. Será que ele curtiu? Será que ele gosta de mim? Será que ele vai ligar? Quando ele vai ligar? Quantos dias devo esperar? Quantos dias podem ser considerados tempo demais? Será que meu telefone está funcionando? Acho melhor checar os e-mails.

Seguinte: todo cara sabe, antes do final de um primeiro encontro, se ele vai querer sair com você de novo. Você não vê a hora de descobrir como ele agirá se estiver doido pra repetir a experiência. Será que ele é do tipo que espera três dias para ligar? Ou do tipo que liga no dia seguinte? Ou ainda, do tipo que desaparece da face da Terra? Pode deixar que logo você vai descobrir.

Ainda que você tenha se mantido calma e tratado o encontro com uma atitude do tipo *É só um encontro*, superzen, é difícil se manter assim depois de um encontro maneiríssimo. Então faça o favor de não pirar agora, amiga. Pare por um instante e reconheça que, tudo bem, seria ótimo se ele ligasse, mas se ele não ligar, ah, deixa pra lá. Se ele não tiver se amarrado no programa deslumbrante e exótico que é você a ponto de querer repetir a experiência, então com toda certeza ele não era o cara certo e muito menos o tipo que iria lhe impressionar na cama. Quem está perdendo é ele. Respire fundo e solte o ar. Esqueça. Isso, muito bem. Agora, sempre que baixar uma obsessão ou ansiedade com relação ao vácuo do primeiro encontro, repita o mantra: "Relaxe, foi só um primeiro encontro." Aí pare e lembre-se de que a vida reserva ótimas surpresas para todos nós, e estão todas fora do nosso controle. Não podemos fazer as coisas acontecer, mas certamente podemos impedir que aconteçam, pisando na bola.

O QUE SIGNIFICA E
O QUE DEVO FAZER?

Enquanto você está aí, pensando e se remoendo por causa do contato, da falta de contato e do método de contato que ele usa, pensamos em ajudá-la a decifrar o que é mais do que provável de estar acontecendo no Quartel-General dos Cuecas e como você deve reagir. Embora nossa reação natural imediata seja: "Que se dane o que está acontecendo lá! Estamos onde rola a ação", aqui vão algumas situações comuns.

O que significa quando... ele não liga no dia seguinte?
Provavelmente não significa nada. Vai ver ele está tentando bolar o próximo passo e aproveitando o espaço para pensar em você, tentando decidir se gosta de você "daquele jeito" e lhe dar espaço para fazer o mesmo.

O que você deve fazer?
Não dar muita atenção a isso, pois você tem mais o que fazer e não está esperando que ele ligue tão cedo mesmo.

O que significa quando... ele não liga depois de dois dias?
Ele está fazendo o que quase todo cara faz e, das duas uma: ou está tentando decidir quando deve ligar ou já decidiu não ligar mesmo.

O que você deve fazer?
Continuar tocando a vida e não ligar, mandar mensagens de texto nem e-mails para ele.

O que significa quando... ele não liga em sete dias depois do encontro?
Ih, boa coisa é que não é! Se o cara gostar mesmo de você e estiver a fim de repetir um encontro, entrará em contato na primeira semana... ainda que ele tenha sido transferido para o Iraque, entrado em coma de uma hora para outra ou que a cobertura da operadora de celular esteja uma droga.

O que você deve fazer?

Se estiver a fim dele, então pode ficar tristinha por um instante, talvez até ligue para uma amiga, chore as mágoas e então irá tirar a coisa da cabeça. Foi só um encontro. Que venha o próximo!

O que significa quando... ele não liga em uma semana, mas envia um torpedo ou e-mail perguntando: "E aí, o que você tem aprontado?"

Significa que ele está quase a fim de lhe namorar e estaria aberto para um sexozinho por telefone.

O que você deve fazer?

Não responda. Quando ele resolver sair novamente, saberá muito bem como lhe encontrar.

O que significa quando... ele não liga em uma semana, mas envia torpedos ou e-mails dizendo: "Foi muito bom. Tenho pensado em você. Vamos sair na sexta à noite?"

Significa que ele está quase a fim de lhe namorar.

O que você deve fazer?

Dê um tempinho antes de responder; então envie um torpedo dizendo que só dará uma resposta por telefone.

O que significa quando... ele não ligou depois de três semanas e então mandou um torpedo ou e-mail perguntando: "E aí, o que tem aprontado?"

Significa que o que ele quer é sacanagem e está pedindo a Deus que você não tenha ficado chateada por ele ter desaparecido e que esteja a fim de uma sacanagem também.

O que você deve fazer?

Espere um pouco e então mande um torpedo respondendo: "Não tenho feito muita coisa além de sair com otários como você."

O que significa quando... ele não ligou depois de três semanas e então mandou um torpedo ou e-mail dizendo: "Estava viajando e pensei muito em você. Quer sair na sexta à noite?"

Significa: "As coisas não deram muito certo com a outra garota com quem eu estava saindo, daí decidir tentar novamente com você." E também que a saudade que ele sentiu não foi o suficiente para motivá-lo a ligar.

O que você deve fazer?

Aguarde um instante e então mande um torpedo ou e-mail respondendo: "Ih, maluco, deve ser engano. Meu nome é Mike, mas estou livre na sexta-feira."

TRANSFORMANDO O TORPEDO EM LIGAÇÃO
AMIIRA

Homem é tudo igual. A maioria sempre tenta se safar com o mínimo de esforço, compromisso ou comunicação possível. Em nossa sociedade, é comum que os caras não saibam se comunicar muito bem e que as mulheres esperem demais deles nesse quesito. Por causa deste estigma, os caras acham que qualquer forma de comunicação está valendo e por isso deve ser considerada e concordamos até certo ponto. Sim, é conveniente mandar um torpedo e chega a ser um pouco sexy receber uma mensagem do tipo "Estou numa reunião, mas não tiro você da cabeça. Depois a gente se fala". Com certeza. Mas porque tem a frase "depois a gente se fala" no final. Durante os estágios de tensão que seguem o primeiro encontro e o telefone não toca, não há torpedo que dê jeito. Mensagens de texto sinalizam: "Estou meio a fim de você", mas uma ligação diz: "Quero escutar sua voz". O cara que só manda mensagem de texto está lhe cozinhando em banho-maria até achar alguém mais atraente no momento em que estiver louco para trepar. Se o cara estiver mesmo interessado em lhe conhecer, vai preferir conversar ou se encontrar pessoalmente a lhe enviar torpedos, e-mails, mensagens instantâneas, comentários no MySpace ou qualquer que seja a forma moderna e impessoal da moda. ENTRETANTO, mesmo assim ele ainda vai tentar facilitar o namoro usando a tecnologia no início. Deixe claro que para conhecer a maravilha que é você, só por telefone ou pessoalmente. Quanto mais você permitir esse tipo de comunicação impessoal, mais torpedos e e-mails vai receber. Os meios mais casuais de comunicação servem para complementar uma relação que já existe, mas não para construir um relacionamento do zero, o que exige mais tempo do que levamos para digitar: VC EH D+. DPOS A GENTE CV.

O que podemos fazer para que o cara ligue em vez de mandar torpedos? Simples. Não aceite a ideia de que a forma que ele escolheu para se comunicar é o bastante. Quando ele enviar um torpedo ou um e-mail em vez de telefonar, então simplesmente mande uma das seguintes respostas:

"O sistema de comunicação eletrônica está sendo desativado. Me ligue em cinco minutos."
"Não posso falar agora. Me ligue às 19 horas. Novidades para contar."
"Estou com câimbras de tanto digitar. Ligue para o meu celular."
"Sou melhor no telefone. Me ligue depois."
"Eu já passo o dia todo digitando. Me ligue."
"Não consigo me lembrar de sua voz."

Deu para entender, não deu? Então, quando ele telefonar, deixe claro que esse negócio de e-mail e torpedo não é muito a sua praia, mas que você adora um bom papo telefônico. Basicamente, se você não topar os e-mails e mensagens de texto, ele só vai ter duas opções: telefonar ou encontrar outra mulher que aceite qualquer coisa. Para mim, nada se compara àquela ligação que nosso carinha novo faz para nos dar boa-noite. Um torpedo não é a mesma coisa.

AS NOVAS LEIS DA ATRAÇÃO
GREG

Deixe que ele telefone para você depois do primeiro encontro.

Fique na sua. Veja o que é melhor: que o encontro fique na cabeça dele como a última coisa bacana ou que ocorra uma série de comunicações do tipo "Oi... não sei se eu tinha ficado de ligar ou se era para você ligar. Bem, eu só queria dizer mais uma vez que foi muito bom. Ok. Tchau" ou "Oi, sou eu, acho que a ligação caiu. Só queria dizer que... foi muito bom. Então, é isso. Tchau" e ainda "Oi, sou eu de novo, a Janete... da sexta-feira. Esqueci de lhe dar meu telefone. Anote aí..."? Acho que deu para entender.

Se durante o encontro você tiver mostrado para ele seu lado mais bacana, é tudo o que você pode fazer mesmo. Ele teve uma provinha de sua deliciosa companhia, por isso faça o favor de não derrubar mostarda em cima da guloseima. Olha só, às vezes o cara precisa de um tempo para pensar no que aconteceu. Ele pode gostar de você e querer lhe encontrar de novo, mas pode querer esperar alguns dias antes de telefonar. É o espaço que ele deseja para pensar em você, deliciar-se com as lembranças do encontro, contar para os amigos e lhe dar bastante tempo para fazer o mesmo enquanto espera que ele ligue. O espaço imediato é bom. Pode ser também delicado. Se você encher o cara com vários torpedos, e-mails, mensagens, isso pode mesmo fazer com que ele goste menos de você. É a mesma coisa que apressar uma pessoa a fazer algo que ela ainda não ia fazer e assustar o outro com sua necessidade de saber o que está pensando. Raramente dá para saber logo depois do primeiro encontro se vai ser amor verdadeiro, de forma que esta fase é mesmo de espera. Pode ser que ele goste muito de você ou até que lhe ame no futuro. Por outro lado, pode ser que não, de jeito nenhum! Você pode acabar guiando o cara para o lado errado.

Vamos parando de inventar desculpas!

* É a mesma história o tempo todo: vocês não se falam há dois dias, mas seu e-mail ou correio de voz ou celular deu pau. Daí você acha que pode usar isso como desculpa para entrar em contato. Olhe aqui, mocinha teimosa, você pode fazer o que bem entender, mas antes, pense bem. Se você quisesse se comunicar com alguém cujo veículo de comunicação estivesse com um problema que o impedisse de receber sua mensagem, você desistiria de entrar em contato ou daria um jeito? Você daria um jeito. Esse cara que ainda não lhe telefonou é algum tipo de imbecil? Então deixe que ele se vire. O valor de sua companhia justifica o esforço.

A Supercartilha dos Encontros
Aproveitando cada segundo

Tudo bem, você vai odiar isso, mas deixe-nos lhe dizer por que é uma boa ideia antes de nos interromper. Achamos que você deve escrever um diário de encontros. "Esses autores só podem estar zoando com a minha cara", você deve estar pensando. Mas não estamos não. Você agora é uma pessoa que tem encontros marcados. Qual a dificuldade em rabiscar umas notinhas sobre o encontro, para usar como lembretes de quem foi o cara, o que você vestiu, aonde foram e quais os pontos altos do encontro? E, mais importante ainda, quais as coisas bacanas que você fez ou disse, quais as besteiras que você fez ou falou, se rolou um beijo, se você bebeu demais etc... Dessa forma, você pode dar uma revisada e concluir que: "Nossa, adorei aquele vestido azul, mas odiei aquele restaurante de frutos do mar." Abaixo segue um exemplo do que deve ser relembrado e revisto.

1. Com quem você saiu?
2. Gostou dele?
3. Quer se encontrar com ele de novo?
4. Fez planos para um outro encontro ou pelo menos disse a ele que você se divertiu?
5. Gostou do que vestiu?
6. Gostou do que ele vestiu?
7. Gostou dos assuntos que você propôs?
8. Gostou dos assuntos que ele propôs?
9. Sentiu-se sexualmente atraída por ele?
10. Ele tentou beijá-la?
11. Como terminou o encontro?
12. O que você poderia ter feito melhor?
13. Qual foi o seu melhor momento?

16

ESSÊNCIA NÚMERO 5
os próximos encontros

Estabeleça o andamento de seus encontros e a fórmula do sucesso

Beleza, ele deu um fim ao suspense e ligou convidando-a para um segundo encontro porque obviamente tem um ótimo gosto e aprecia as coisas boas da vida, como você. *Quando seria o momento certo de partir para um segundo encontro?* Achamos que o segundo *round* deve acontecer uma semana depois do telefonema pós-encontro, a menos que sua agenda não permita ou um de vocês esteja viajando. Daí melhor que seja assim que você tiver uma brechinha. *Com quantos dias de antecedência ele deve me convidar?* Sem querer bancar os chatos, mas achamos que não é lá muito boa ideia passar a impressão de que você não tem mais o que fazer da vida; então melhor que ele faça o convite com uma antecedência de pelo menos dois dias. *Quanto tempo deve se passar entre o primeiro e o segundo encontro?* Aqui vai nossa opinião: deve haver um intervalo de **pelo menos** dois dias para que possa rolar uma vontade louca de vocês se verem e de trocarem outro telefonema para continuar a se conhecerem melhor. Mas se passar mais de duas semanas desde o primeiro encontro, corre-se o risco de perder o clima e de se esquecer das coisas que agradaram a respeito um do outro no primeiro encontro. A combinação de um segundo encontro deve ser tranquila e natural; por isso que se deve manter um intervalo limitado entre os encontros, senão vocês terão a sensação de que vão se encontrar pela primeira vez de novo.

O segundo encontro é quando as coisas começam a ficar firmes e as impressões são confirmadas. Enquanto o primeiro encontro é uma missão de descoberta, o segundo é onde os dois se ligam um ao outro – ou não. Trata-se de uma situação muito importante, pois é quando as coisas começam a acontecer lá dentro e daí ou você começa a se afeiçoar ao cara ou percebe que talvez ele não seja um namorado ideal. Embora seja importante, deve haver menos pressão aqui. Deve haver maior tranquilidade pois já existe um certo nível de intimidade e, com sorte, já houve alguma troca de comunicação entre os encontros. Este é também o encontro que pode ter um ar menos formal (favor não confundir com superinformal). Em geral o cara fez o dever de casa do primeiro encontro e já sacou um pouco quem você é, de forma que é provável que ele lhe convide para sair baseando-se em algum aspecto de sua personalidade. Por exemplo, se você tiver mencionado alguma coisa sobre caminhadas, então sair para andar é uma possibilidade de programa totalmente aceitável para um segundo encontro. Se você tiver dito que gosta do trabalho de Michael Bay (*Duro de matar*, entre outros), ele pode lhe convidar para ir ao cinema, que também é um programa totalmente aceitável. ENTRETANTO, se ele perguntar se você quer alugar um filme e pedir uma pizza na casa dele... o programa NÃO é aceitável. O segundo encontro ainda não é o momento para relaxar tanto assim! Pode crer, se for para a coisa vingar, não faltará tempo para vocês se aninharem no sofá para ver um filme. Nada de ir para casa de ninguém, gostosona – nem a sua nem a dele. Ainda é muito cedo para isso, hein? Vocês ainda estão em um ponto crucial no desenvolvimento do que pode ser uma relação e é importantíssimo que no segundo encontro você se ausente logo cedo.

Aqui vai uma listinha rápida do que é aceitável e inaceitável em um segundo encontro.

Aceitável:

Jantar fora – dessa vez você pode escolher o local
Cineminha (programa clássico)
Boliche
Boate
Show
Caminhada, passeio de bicicleta ou qualquer outra atividade ao ar livre
Visita a um museu (cultural e romântico!)
Um café

Inaceitável:

Almoço (ainda é muito cedo para isso. Parece uma queda de nível)
Café da manhã (caso tenham passado a noite em um show, tudo bem; do contrário, pode esquecer)
Filmezinho no apartamento dele
Um rala e rola no seu apartamento
Encontro em um bar para beber (muito cedo para isso)
Refeitório do alojamento da faculdade (mesmo que esteja duro, ele pode levar você para tomar um chazinho em um café. Qualquer um consegue descolar cinco reais)

E se a coisa esquentar? O segundo encontro é uma oportunidade muito boa para trocar uns beijinhos e nada mais. Não estamos dizendo que o sexo não é legal ou que vocês não devam transar, mas ESPERE!!! Você só tem a ganhar se dividir as coisas boas em etapas e, pode acreditar, seus beijos são como entradas para a final do campeonato nacional – difícil de se conseguir e bom pra cacete! Deixe que as pequenas coisas deem uma mostra do que o futuro reserva e não saia logo mostrando para ele o que está atrás da porta número um antes mesmo de ele ter tentado resolver o quebra-cabeça. Lembre-se da ordem: *teaser*, trailer E filme!

ALERTA!
Se sair com alguém já é ótimo, sair com mais de um alguém é melhor ainda.

Não há melhor forma de se saber o que se sente realmente por alguém do que tendo uma base de comparação. Acreditamos que sair com alguém seja bom no sentido clássico. Antigamente, antes do advento da geração **Girls Gone Wild**, era comum sair com mais de uma pessoa. Naquela época, antes do sexo pré-nupcial, saía-se com uma porção de gente e então se decidia com quem rolaria o rala e rola pelo resto da vida e, quando dava-se sorte, a coisa funcionava. É fácil sair com vários quando não se está transando, mas é difícil casar-se com alguém hoje em dia sem nunca ter transado, pois o sexo antes do casamento é uma prática para lá de comum e altamente apreciada. Então, por que não sair com vários caras e encontrar um com quem se queira transar e usar isso como indicador de que se trata do rapaz de quem você gosta de verdade? Outra enorme vantagem de sair com mais de um cara é que a prática elimina a pressão causada pela expectativa de que dê certo com um deles e, além disso, ao manter-se ocupada, a pessoa acaba pegando mais leve e não se apressa em nada. A prática de sair com mais de um seria mais comum se as pessoas não se envolvessem com tanta rapidez. Parece existir um modelo do tipo "sexo no terceiro encontro" que as pessoas estão seguindo. Daí, uma vez que a intimidade imposta pelo sexo geralmente implica em algo

> *mais do que um simples encontro, o terceiro encontro tornou-se praticamente uma relação instantânea. A menos que, é claro, vocês tenham concordado em sair e transar com outras pessoas, o que a maioria não consegue fazer antes de dar uma festinha do cabide a dois. Ou talvez vocês tenham concordado em transar com outras pessoas porque são viajantes do tempo que vivem nos anos 1970. "Mas será que eu tenho de contar ao meu parceiro que estou saindo com outros?" Só se ele perguntar, e tudo que você tem de dizer é "Estou saindo". Por algum motivo, as pessoas sentem necessidade de se abrir logo assim de cara. Mantenha um pouco de mistério. Você não deve satisfação sobre sua vida a ninguém, muito menos a um cara com quem você só saiu uma vez. Acredite, quanto mais você sair, mais fácil será encontrar o cara certo. É uma questão matemática.*

Sair e se encontrar com alguém é o melhor sistema de eliminar as pessoas erradas para você e encontrar as certas. É a maneira mais inteligente de se começar um relacionamento sério porque então o que vocês tiverem terá sido construído baseado na atração (tanto física quanto intelectual), afeição e respeito mútuos. É a fórmula que deu certo durante gerações e gerações e, logo, é clássica. Entende? Antigas ideias, combinadas a novas ideologias sobre sexo. É o que chamamos de Fórmula Clássica Feita Especialmente para a Mulher Encantadora e Superdescolada de Hoje.

Entretanto, mesmo que você esteja passando por um período de vacas magras (muito comum em qualquer parte do mundo) em que não se encontram facilmente pessoas legais para sair, segure a onda e vá com calma; avalie *o que* você sente e não *como quer se sentir* em relação ao cara.

Depois do primeiro encontro, caso tenha dado tudo certo, o que achamos que provavelmente tenha acontecido, relaxamos um pouquinho e ficamos mais flexíveis com relação a você ligar para ele. Não que você deva exagerar na dose. O objetivo é ainda deixá-lo querendo mais, e quando isso acontece, ele permanece na busca, o que é bom. Os terceiro, quarto e quinto encontros podem ser marcados com espaços menores de tempo, embora nosso conselho seja dar pelo menos um dia entre eles. Ou seja, de jantar para jantar e não de jantar para café da manhã! Nada de sair duas vezes no mesmo dia antes do sétimo encontro. No sexto encontro não temos nada contra que você marque em seu apartamento ou no dele para comerem uma comidinha caseira ou pedirem alguma coisa por telefone e ver um filmezinho, mas nada de tirar a roupa e deixe isso bem claro – sem deixar de usar um charmezinho. "Estou lhe convidando para vir jantar. Não precisa trazer o pijama nem a escova de dentes." Mas continue a sair com outros até estar segura de que encontrou o cara com quem você deseja namorar sério... então mande os outros passear, um por um, até que o gênio se toque de que você é a garota certa para ele também!

AS NOVAS LEIS DA ATRAÇÃO
GREG

Deixe que ele a convide para o segundo encontro; depois decida o que achar melhor. Se quiser convidá-lo para o terceiro encontro, ninguém vai lhe impedir, mas primeiro deixe-o procurá-la de novo. Se as coisas tiverem rolado como você esperava, ele estará louco para lhe ver novamente. E não pode ser diferente, pois você ar-ra-sou! O primeiro encontro estabelece o tom de quem você é e como gosta de ser tratada; o segundo confirma isso ao continuar nos mesmos padrões e mentalidade. Ele deve estar feito louco tentando decidir qual o próximo passo. É importante dar um espaço entre o primeiro e segundo encontros só para continuar a manter a expectativa; então, pode esquecer essa história de convitinhos para o mesmo dia. "Mas, Greg, eu estava livre mesmo." Se

Deus quiser você não estará livre por causa de sua vida superatribulada, *mas também porque ainda é cedo para mostrar para ele que é fácil se encontrar com você*. Assim, depois que estiverem namorando sério e você mostrar que tem uma brechinha na agenda, será uma festa! Por enquanto, você é uma peça rara e maravilhosa e quem quiser se encontrar com você vai ter de escalar algumas montanhas de decepção.

(Exceção: se o primeiro encontro tiver sido no dia 30 de dezembro e ele quiser sair com você no réveillon, tudo bem, mas é melhor você ter planos. Ou, então, se ele tiver ingressos para o show de reencontro do No Doubt, vá na fé.)

Vamos parando de inventar desculpas!

* E se eu não estiver certa de que gosto dele? Devo aceitar o convite para sair? Deve sim. Às vezes, nosso santo não bate com o de um cara simplesmente porque ele não combina mesmo conosco, mas volta e meia é porque ele não combina com o tipo de homem com quem costumamos sair, o que é uma outra história. O amor, assim como a vida, geralmente contraria nossa expectativa, então dê outra chance ao cara caso você esteja na dúvida. Não custa nada dedicar duas horinhas a alguém que claramente lhe acha o máximo. No mínimo vai fazer bem à sua autoestima e, quem sabe, até não seja o encontro que mude tudo. Se o cara não tiver se saído tão mal, tiver se esforçado, apesar do nervosismo que ele possa ter demonstrado, dê uma outra chance ao coitado. Por quê? Porque você é assim, uma campeã mesmo! Caso ainda não tenhamos contado, um de nós não tinha lá muita certeza de ter curtido o outro, mas mesmo assim marcamos o segundo encontro para tirar a prova dos nove e olhe onde acabamos... escrevendo um livro sobre encontros para você!

A Supercartilha dos Encontros
Aproveitando cada segundo

Segundo questionário de avaliação do encontro. Está na dúvida se quer marcar o segundo encontro? Aqui vai um questionário rápido para ajudá-la a decidir.

QUESTÃO	PONTOS
Ele chegou na hora marcada?	Sim +2 Não −1
Você gostou do figurino dele?	Sim +1 Não −1
Você o achou bonitão?	Sim +2 Não +1

(Isso mesmo, dê uma segunda chance ao visual dele, pois as pessoas podem se tornar mais atraentes à medida que as conhecemos melhor)

O papo fluiu com facilidade?	Sim +2 Não −1
O papo foi interessante?	Sim +2 Não −1
Ele demonstrou senso de humor?	Sim +3 Não −3
Ele entendeu o seu senso de humor?	Sim +3 Não −3
Ele lhe atraiu?	Sim +2 Não −1

(Isso pode mudar no segundo encontro)

Ele se comportou educadamente? Sim +2
Não −2

Foi carinhoso? Sim +1
Não −1

Ele se exibiu demais? Sim −3
Não +1

(É ridículo ter de premiá-lo por não ser um escroto)

Ele lhe impressionou mais do que você esperava? Sim +2
Não +1

(Ele não merece pontos negativos por não ser o que você esperava)

Ele planejou o encontro? Sim +2
Não −2

Você gostou dos planos que ele fez? Sim +2
Não +1

(Pelo menos ele planejou alguma coisa!)

Você quis que ele ligasse depois do primeiro encontro? Sim +2
Não −1

Você pensou nele no dia seguinte? Sim +2
Não −1

Some os pontos e veja como o cara se saiu! Se a pontuação ficar acima de 20, pelo amor do Santíssimo, vá ao segundo encontro. Se tiver ficado entre 14 e 20, ainda é uma boa dar mais uma chance e ir ao segundo encontro. Se o resultado ficar abaixo de 14, quando ele ligar, melhor você fingir que o número não é seu.

17

ESSÊNCIA NÚMERO 6
exclusividade
sexual

Mandando ver e fechando o acordo

Caso você tenha decidido ler somente um capítulo deste livro, tomara que seja este, no qual falamos sobre sexo e quando deve rolar a transa. Como dissemos no início, adoramos sexo e ficamos felizes ao saber que as pessoas estão transando. Achamos, porém, que se você gosta mesmo de um cara, é melhor esperar antes de dar. Não estamos aconselhando a esperar por questões morais, mas porque **se você segurar a onda, terá mais chance de se tornarem um casal**. Exclusividade e sexo devem andar de mãos dadas, mas um (sexo) não é o meio para o outro (exclusividade).

O sexo tem uma importância muito grande em um relacionamento, mas como qualquer coisa boa, as pessoas conseguiram ferrar com ele. Tem gente que usa o sexo como prêmio ou propina; tem gente que, para castigar o parceiro, se recusa a transar, pois, como já concluímos, TRANSAR É UMA DELÍCIA E AS PESSOAS QUEREM TRANSAR BASTANTE! Por isso que muitos usam o sexo para convencer as pessoas a mergulhar logo de cabeça em relacionamentos para os quais não estão completamente prontas. É com certeza uma tática que pode funcionar por pouco tempo, mas, a longo prazo, pode se tornar no mínimo uma bomba. Lembra-se do que dissemos sobre respeitar seu próprio ritmo? Isso serve para as duas pessoas caso queiram ter um relacionamento maravilhoso — o cara também tem de entrar em contato com os próprios sentimentos sem pressão alguma, assim como você, senão vocês terão um relacionamento baseado no desejo de transar pela primeira vez. Sejamos honestos, o desejo de transar com alguém é um pouquinho mais comum e muito menos duradouro do que se pensa. Esse desejo pode até lhe impulsionar a chegar lá, mas não consegue lhe manter onde chegou.

Assim como lhe aconselhamos a se dar o valor, não se mostrar disponível demais e segurar a onda quando estiver saindo com alguém, enfatizamos que essas ideias se aplicam dez vezes mais ao sexo. Transar muda tudo, inclusive o rumo do relacionamento. O sexo tanto pode conduzi-los a um estágio de exclusividade característico de casais quanto destruir qualquer certeza de que se tinha quanto à ligação com o outro. Se, ao transar, um dos dois tiver algumas expectativas não reveladas com relação ao sexo e o outro não, vocês estão ferrados. Ou se um dos dois se apavorar por causa do significado do sexo para ele, ou o que ele acha que você acha que seja o significado do sexo, vocês estão ferrados. Ou seja, se os dois não estiverem igualmente preocupados com as consequências que a transa pode gerar, vocês estão ferradinhos da silva.

Já ouvimos alguns amigos dizerem, ao sair com uma nova pessoa, que eles "só queriam se livrar daquela chatice". Como assim? Por acaso esta chatice é aquele sexo gostoso, que aguardamos na maior expectativa, na maior vontade de provar? É dessa chatice que devemos nos livrar? Você comeria uma tigela de massa crua de bolo na sobremesa em vez de esperar o bolo assar, colocar uma cobertura e deliciar-se com cada mordida? Não que uma dor de estômago não pareça melhor que um bolo delicioso.

Livrar-se do obstáculo — da chatice — é uma forma horrível de encarar a primeira vez que se transa com um novo alguém. É uma vergonha considerar a transa como uma obrigação doméstica, tipo, lavar a louça, quando o certo seria encará-la como uma excelente maneira de troca, por meio da qual podemos ser mais felizes e fazer o outro mais feliz. Para compartilharmos nosso amor por alguém, podemos fazer várias coisas, como gravar uma coleção de músicas bacanas em um CD ou preparar uma lista de reprodução no iPod... mas o sexo bate qualquer uma dessas coisas. Melhor que isso, só transando ao som da lista de reprodução que preparamos e depois comer mais um pedaço de bolo! Dê ao sexo a importância que ele de fato tem para que ele não perca o valor para nenhum de vocês.

Defendemos a ideia de que *se* você quiser um relacionamento sério, melhor não transar com todo cara com quem sair. O sexo deve sinalizar que você gosta mesmo de *um* cara. Deve ter algum valor, importância, e pode ser a coisa que lhe diferencia de todas as outras garotas que ele já namorou. É uma ideia tradicional, mas se você quiser ter um namorado, não deve transar com qualquer um até que ele seja de fato seu namorado. Sem exceção. E o sexo não deve ser a cenoura que você balança para conseguir o comprometimento; deve ser simplesmente algo que vocês têm em uma relação fechada, séria e exclusiva. Este deve ser um padrão a ser seguido. Isso diz ao cara com quem você está saindo que sexo com você é especial e que você não sai por aí dando para qualquer um que sair com você, como forma de agradecimento.

Mas como é possível começar a namorar firme sem transar e sem usar o sexo como motivação? Veja bem, o sexo sempre será um incentivo, mas você não pode ser o tipo de garota que o utiliza dessa forma, pois é uma bobagem. Além disso, você não se prestaria a um papel desses. Não você, que é uma super mega ultracampeã que tem padrões, uma vida movimentada, que se dá o valor e é seletiva com quem escolhe para passar seu precioso tempo. Bem, considerando-se que a coisa esteja engrenando (*que aqui definiremos como um estágio em que toda semana vocês se veem pelo menos uma vez e se telefonam três dias ou mais* — **SEM contar com** *e-mails, torpedos e mensagens instantâneas*) então você é quem decide SE este é o cara para você. Pense bem nisso, o que você acha de ficar só com ele? O que você acha de não ficar com ele? SE VOCÊ TIVER DE-

CIDIDO que ele é o cara, então você é quem tem de deixar claro que está começando a se apaixonar (sem transar com ele). Diga-lhe que está seriamente pensando em parar de sair com outros caras e observe como ele reage. É possível que ele diga que tudo bem, que ele está pronto para um relacionamento fechado. Se ele não aproveitar logo a oportunidade é porque provavelmente ainda está na dúvida; é bom que se tenha esta informação *antes* de topar um rala e rola. É uma péssima ideia dividir sexualmente um cara, pois é a forma mais direta de causar insegurança e baixa autoestima. Então é simples dizer: "É o seguinte, só transo com alguém que eu esteja namorando firme. Não estou tentando definir nada aqui, mas estou fazendo o que é saudável e inteligente para mim. Se você não concordar, tudo bem, mas esses são os padrões que sigo em minha vida." Podemos apostar como ele vai ficar feliz em ser incluído neste programa. É seguro dizer que se estiverem transando sem sair com mais ninguém, estão no caminho certo de um namoro firme. Claro que a compatibilidade sexual é o que determinará se você vai querer levar o lance adiante.

Ok, gostosona, o que devemos fazer e quanto tempo temos de esperar? Dez encontros ou um mínimo de três a quatro semanas de saídas e encontros. É isso mesmo: adicionamos sete saídas à regra dos três encontros e achamos de todo coração que seja um tempo razoável para esperar. Considerando-se que as pessoas esperavam até se casar, que é uma eternidade comparando-se aos dez encontros ou às três ou quatro semanas. Sério mesmo, é um tempo que passa bem rapidinho e, no final, você acaba honrando a si mesma e a ele. Ainda que não dê certo, você pode pelo menos dizer que tentou fazer a coisa certa. E, além disso, não vai ficar preocupada, tentando decidir se não precipitou as coisas.

Se você segurou a onda, construiu um relacionamento baseado em um investimento emocional, respeito mútuo e uma dose saudável de expectativa, então o sexo vai ser melhor e mais excitante ainda. Por quê? Porque ficará subentendido que cumprir com o dever é algo reservado somente à elite.

Por que o sexo deve ter tanta importância assim? *Simplesmente porque o sexo é importante.* Agora nos responda: Por que não deveria ser? Por que o sexo seria tão gostoso se não fosse importante? Que sentido faz diminuir a importância ou o poder que o sexo tem de nos dar prazer e de aprofundar ainda mais os laços do relacionamento? Dar a devida importância à relação sexual com a pessoa que se ama é maravilhoso, pois não há outra forma mais íntima de se doar e compartilhar. Então, por que não fazer da transa uma ocasião tão importante? Uma ocasião que foi planejada, pensada e decidida cuidadosamente. Por que não dar a ela um significado profundo? Por que não valorizá-la? **Afinal, esse cara não está transando com qualquer uma, mas com você, e isso em si já é um evento!**

Jamais lhe proibimos de usar sua sensualidade e sua libido, e, mais uma vez, esta não é nenhuma lição de moral. Trata-se apenas de uma sugestão para que você consiga aproveitar ao máximo a melhor parte de seu relacionamento. O que estamos tentando fazer aqui é extrair as coisas bacanas, dar a devida importância a todos os momentos e construir algo inesquecível. Então, se for para esperar dez encontros ou quatro semanas para transar, o que se pode fazer e o que se pode considerar como sexo? Atingir um orgasmo – seja você ou ele – conta como sexo e logo deve ser evitado. Ou seja, toda vez que a coisa esquentar, VOCÊ PARA! Sexo oral é sexo e não deve ser feito, pois geralmente acaba em orgasmo. Toda forma de amassos, apertos e mãos-bobas é permitida à medida que vocês se aproximam da linha de gol, mas não antes. Nada de tirar a roupa! Curta as delícias dessa viagem, pois é uma das melhores que faremos nesta vida.

Preparamos um mapa temporal para que você consiga determinar até onde deve chegar.

Encontro 1: Se você gostar do cara, pelo menos um beijinho no rosto e um abraço. Se o encontro tiver sido bem bacana, UM beijo bem quente. Não importa de quem tenha sido a iniciativa. Se lhe der vontade, manda ver! *Mas é só um.* Uma pequena amostra. Não vá transformar a coisa em uma sessão de amassos. Ainda mais se ficar claro que há grandes chances de esquentar o clima. Acredite: ele vai passar o dia seguinte inteiro pensando neste beijo, imaginando se vai ganhar mais ou por que não ganhou.

Encontro 2: É, minha querida! Parece que ele curtiu seu ÚNICO beijinho no último encontro. Não custa nada dar um amasso esta noite, né? Aproveite bem o beijo, pois infelizmente nos relacionamentos o que vem primeiro é o amasso, o que é muito triste, pois beijar é simplesmente maravilhoso. Então mande ver nos amassos! E as mãos dele? Não deixe que elas entrem por baixo das suas roupas ou toquem as partes mais quentes. O mesmo se aplica às suas mãos. Sério, concentre-se no beijo.

Encontros 3, 4 e 5: Sabemos muito bem que em muitos relacionamentos modernos esses são os encontros em que o pessoal chuta o pau da barraca e manda ver. É praticamente um padrão industrial, então é provavelmente a hora, caso ainda não tenha rolado, de começar a conversar sobre sexo. Essas conversas podem ser tão excitantes quanto o ato em si. Admita que gosta e que acha o sexo importante mas que você não transa com qualquer um, especialmente se estiver saindo com outros. Não precisa dizer quantos encontros você está esperando ou qual a sua estimativa de tempo; limite-se a dizer que ainda é cedo. Continue nos amassos. Se ele quiser saber o que está embaixo da blusa, decida o que fazer, mas NÃO TIRE A PARTE DE BAIXO... por enquanto.

Encontros 6 e 7: Temos certeza de uma coisa: os caras se amarram em lingerie. Talvez seja hora de dar uns amassos de calcinha e sutiã, concentrando a ação acima da cintura. Saiba quando parar, pois ainda não está na hora do "Final Feliz", se é que você entende.

Encontros 8 e 9: Permita a introdução da famosa mão-boba aos amassos, mas NADA DE TRANSAR! Embora vocês possam se tocar de maneira mais íntima, AINDA NÃO CHEGOU A HORA DE GOZAR! São permitidas explorações com a boca, mas apenas acima da cintura. A boca conta como sexo e o orgasmo deixa os caras malucos e logo é considerado SEXO e não preliminares.

Encontro 10: Tã-nã! Vocês seguraram a onda, vêm esperando pelo grande dia e estão subindo pelas paredes de tesão. Então, essa noite deve ser no mínimo inesquecível. Não se esqueça de fazer sexo seguro, use a camisinha e divirta-se!

SOBRE O SEXO CASUAL
GREG

Trabalhei como reteirista do seriado *Sex and The City* por três anos, de forma que sei muito bem que as mulheres, assim como os homens, gostam de transar por esporte e, acredite, damos a maior força. Mas só se for mesmo o que você quer. Sem dúvida alguma, há dias em que não se quer outra coisa além de dar umazinha. E por que não? O sexo é uma parte superbacana da vida. Mas não se esqueça de definir com toda sinceridade por que está transando. Não tente se enganar, dizendo a si mesma que não se incomoda com algo casual se por acaso estiver procurando uma coisa mais séria. Não é pecado querer mais, só não vá tentar se iludir com a ideia de que ele desenvolverá os sentimentos que você quer que ele tenha. Várias vezes um dos parceiros que transam sem compromisso se apaixona e o outro, não. Será que as amizades-coloridas se transformaram em algo a mais? Tenho certeza de que sim, porém, frequentemente nos perguntam: "Como posso transformar meu amante em namorado?" Daí jogamos as mãos para o alto e dizemos: "Volte no tempo e não arranje um amante." Quando eu era solteiro, havia garotas com quem eu saía e outras para quem eu telefonava às quatro da manhã... e eram garotas bem diferentes. Uma vez eu me apaixonei por uma gata que só queria sexo. Eu ficava na esperança de poder transformar aquilo num relacionamento, mas jamais consegui. Então, seja honesta consigo mesma e com o cara com quem está transando ao definir o que de fato está rolando. Talvez ele queira ir mais além do que você, caso no qual é importantíssimo abrir o jogo para que ninguém saia magoado. Use camisinha, ferva na cama até evaporar, e quando estiver pronta para um compromisso sério, feche para balanço e só abra quando aparecer o cliente certo.

AS NOVAS LEIS DA ATRAÇÃO
GREG

Você é tão maravilhosa que vale a pena esperar. Preciso dizer mais? Fiz uma enquete informal no meu perfil no MySpace e eis o que descobri: 97,9% dos homens que responderam disseram que se estivessem saindo com Jessica Biel, não se incomodariam em esperar dez encontros para transar com ela. Já sei o que você está dizendo: "Ah, mas eu não sou a Jessica Biel." Tudo bem, mas a questão aqui é outra. Se a Jessica Biel implementasse a regra dos dez encontros, esses caras respeitariam na boa. É tudo uma questão de sistema de valores. Amiira e eu esperamos. Ela é a minha Jessica Biel. Se gosto de você o suficiente para respeitá-la vou esperar, pois suas ações e atitudes deixaram claro que você vale a pena. **As pessoas não respondem ao que se diz, mas ao que se mostra para elas.** Tudo depende de suas ações. Se você for uma mulher forte e independente não precisa dizer, pois suas ações revelarão isso e assim os caras entenderão como devem lhe tratar. Logo, se você tiver consciência de que vale a pena esperar para transar com você, os caras vão ter consciência disso também. Além do mais, por que você iria querer sair com um cara que gostasse mais da Jessica Biel do que de você?

Vamos parando de inventar desculpas!

* A transa não vai fazê-lo querer ficar ainda mais comigo? Talvez sim... mas também pode afastá-lo. Como já foi dito aqui, o sexo muda as coisas — e muda mesmo. Claro que ele pode querer vê-la o tempo todo se vocês estiverem transando, mas isso não é o bastante para tornar um relacionamento duradouro. Uma relação de qualidade precisa de uma boa base de amor; confiança; respeito; um desejo enorme de estar com o outro, faça chuva ou faça sol e tesão. O sexo em si não basta e nem sempre resulta em amor, respeito, confiança e um enorme desejo. É uma questão de sorte. Nem sempre as pessoas sabem o que querem depois de três encontros, então por que arriscar desnecessariamente? O que não falta é argumento contra uma transa precoce, mas ninguém consegue dar uma explicação plausível de por que não se deveria esperar duas semanas... Vamos ver se tem alguma... Hmmmmmmm... Não, nenhuma. Sexo bom é mais comum e menos duradouro do que você pensa.

VALEU A PENA ESPERAR PARA TRANSAR
AMIIRA

Mais ou menos seis meses depois que meu casamento acabou, eu estava me divorciando, o que no mínimo foi uma situação deprimente, e fazia anos que eu não saía com alguém além do meu futuro ex-marido. Tinha um colega, que trabalhava em outra filial que eu via a cada cinco semanas nas reuniões, mas a gente se falava diariamente porque participava dos mesmos projetos. Depois de um tempo ficou claro que ele passou a vir à nossa filial com mais frequência e trabalhava perto da minha sala e não na sala de conferência, como era de costume. Então um dia ele me ligou e perguntou se eu aceitaria sair para jantar se ele viesse a Nova York. Com certeza fiquei toda boba por ele achar que valia a pena passar por todos os transtornos típicos de uma viagem para jantar comigo, e como a gente se dava bem, aceitei o convite e ele pegou o avião para se encontrar comigo.

Foi um encontro maravilhoso; paqueramos descaradamente, trocamos uns beijinhos e concordamos em repetir a dose. Então na semana seguinte ele viajou de novo, tivemos um encontro maravilhoso com direito a mais beijinhos e paquera e passamos a nos telefonar diariamente. E rolou a mesma coisa na terceira semana – encontro, jantar, paquera e uns amassos (dessa vez no meu apartamento em vez da porta da frente) e então ele voltou e nos falamos toda noite por telefone antes de dormir.

Na quarta semana, quando marcamos nosso quarto encontro oficial, eu estava muito empolgada com ele e cheia de esperança de sair da pista rapidinho, em um mundo no qual todos os meus amigos diziam que namorar era uma droga. (Pra mim não, amiga!) Nosso lance parecia quase perfeito até ali. Era legal trabalhar com ele, a gente se conhecia havia dois anos, estava rolando meio que um lance havia um mês, existia uma atração recíproca e ele fazia um esforço enorme para me ver, pois viajar para Nova York de avião toda semana custa tempo e dinheiro. Isso sem contar que eu ainda não estava pronta para uma relação em tempo integral, de forma que para mim era até legal que ele morasse em outra cidade.

Então durante nosso quarto encontro, passei o tempo todo pensando seriamente na possibilidade de transar com ele naquela noite. Fazia um mês que saíamos, parecia que a coisa tinha futuro e eu me senti pronta.

Daí tivemos "A CONVERSA". Você sabe qual. A conversa do tipo "E AÍ, VOCÊ ESTÁ TRANSANDO COM MAIS ALGUÉM?", que sempre rola antes de se pular na cama com um cara com quem se está pensando namorar sério. A conversa foi bacana. Nenhum de nós estava saindo com mais ninguém. Então partimos para "A OUTRA CONVERSA", que para mim sempre vem depois da primeira CONVERSA e começa assim:
— Com quantas pessoas você já transou?
— Ele respondeu:
— Diga você primeiro.
Respondi, toda boba:
— Seis.
Não vou mentir. Eu me senti toda orgulhosa por ter dormido com poucos. Claro que eu tinha passado os últimos cinco anos comprometida com alguém, então obviamente eu estive fora da pista.
— E você? — perguntei ao cara maravilhoso com quem eu estava fazendo planos sexuais futuros.
Sem brincadeira, ele respondeu exatamente assim:
— Incluindo a esposa do meu irmão?
Levei um segundo para digerir aquela informação, pois ele perguntou com toda naturalidade do mundo, como se perguntasse "Que dia é hoje?". E ele definitivamente não estava de sacanagem! Então sorri e tentei não demonstrar assombro ou crítica e perguntei:
— Bem, por que não a incluiria na contagem?
E, mais uma vez, sem brincadeira, ele disse:
— Ah, porque não gozei.
Nem preciso dizer que não transei com ele e paramos de sair. Entretanto, continuamos a trabalhar juntos, o que foi meio esquisito, pois eu sabia que ele tinha transado com a esposa do irmão. Se eu já tivesse transado com ele antes de saber dessa informação bombástica, totalmente reveladora de seu caráter, eu teria vomitado ali mesmo, bem na mesa do jantar.
Valeu muito a pena esperar antes de transar e agradeço aos céus por eu ter tido o senso de ir com calma, pois senão eu estaria até hoje com nojo de ter transado com "aquele" sujeito.

A Supercartilha dos Encontros
Aproveitando cada segundo

Para aquelas que passarão o maior perrengue esperando para transar, chegou a hora do exercício sobre as melhores maneiras de se adiar o rala e rola.

Pense em dez formas de ir cozinhando o cara em banho-maria antes de transar. Vamos dar um empurrãozinho inicial, oferecendo uns exemplos, mas cabe a você inventar outras formas e colocá-las em prática — no duro mesmo — e não cair em tentação!

COMO ADIAR O SEXO
POR: (ESCREVA SEU NOME)

1. Não marque encontros em casa (seja na dele ou na sua).
2. Tire a roupa de cama e jogue-a na máquina de lavar para que esteja tudo molhado e a cama nada convidativa quando ele for ao seu apartamento.
3. Pinte uma das paredes do quarto para que o cheiro da tinta afaste qualquer um de lá.
4.
5.
6.
7.
8.
9.
10.

PALAVRAS FINAIS

Queridíssima leitora,
   Esperamos de todo coração que você encontre a felicidade. Permita que encerremos com mais algumas ideias antes de você pôr os pés fora de casa como uma garota super mega extraordinária campeã.

VOCÊ, US CARASSS I...
I... AS BIRITASSSS

   Não vamos fazer um sermão sobre as possíveis consequências de encher a cara durante os encontros, pois temos certeza de que você sabe muito bem quais são.
   Entretanto, seguimos uma regra simples. **Não beba, fume ou ingira qualquer coisa que lhe deixe diferente ou lhe faça tomar decisões diferentes das que você tomaria se estivesse sóbria.** Você passou esse tempo todo tornando-se uma pessoa melhor ainda então não jogue pelo ralo todo esse trabalho virando "srta. Dane-se os Padrões Quando Estou de Pileque da Silva", se é isso que lhe acontece ao pegar pesado na birita. Pegue leve porque no fim ele quer conhecer *você*, não a garota que levanta a saia até a cabeça. (Claro que ele vai transar com a garota que levanta a saia até a cabeça, mas não vai apresentá-la à família.)

QUEM FICA AFOITA É BICHO

Aqui vai mais um toque de sabedoria... Não se mostre muito disponível nem afoita. Não pare sua vida, que já é megamovimentada, de uma hora para outra. Quando se esquece da vida e dos amigos por causa de um novo pretê, você envia a seguinte mensagem ao tal cara: "Minha vida é muito mais ou menos e vou me comportar de maneira carente, pois estou investindo tudo em você." É a verdade mais que verdadeira. Para toda ação há uma consequência, e mesmo aquelas que você acha que são bobinhas podem gerar repercussões catastróficas.

Sua empolgação é tão grande a ponto de lhe fazer passar cada segundo com ele = Grande disponibilidade de sua parte.

Grande disponibilidade de sua parte = Ele se sentindo megarresponsável por você.

Ele se sentindo megarresponsável por você = Você agindo como uma pessoa carente.

Mesmo que você não queira causar essa impressão, é muito provável que cause, pois é difícil controlar os sentimentos e expectativas de ambos os lados.

FECHE A MATRACA!

Acreditamos que quando se está saindo com alguém, o pouco já é muito. Não saia revelando nada assim de cara. Aos poucos vá contando as coisas bacanas e deixe que ele se delicie com cada parte interessante, cada faceta da superestrela que é você. Guarde algumas ideias para si (por enquanto) e deixe-o pensar em você, gerando nele uma curiosidade. As pessoas devem ganhar o que você compartilha de acordo com o interesse e investimento emocional que fazem em você. É desnecessário passar uma autobiografia no primeiro encontro e você não precisa resolver o mistério de "qual é a cor da sua calcinha?". Ninguém precisa saber tudo sobre você, nem *consegue* saber tudo ao seu respeito. Se você estiver saindo com um cara bacana e houver a oportunidade de um futuro com ele, então você terá tempo de sobra para comparar todas as experiências, os desencantos ou desejos que já teve nesta vida, bem como as posições sexuais preferidas. Caramba, estamos juntos a quase uma década e ainda aprendemos coisas novas sobre o outro. Então siga o nosso conselho e feche a matraca!

Bons encontros!

Com amor,
Greg & Amiira

Este livro foi impresso na Editora JPA Ltda.
Av. Brasil, 10.600 – Rio de Janeiro – RJ
para a Editora Rocco Ltda.